清歡一夕付東流
投老誰能遣百憂

王國维

王国维 读书与做人

王国维 著

四川文艺出版社

图书在版编目（CIP）数据

王国维读书与做人 / 王国维著. -- 成都 : 四川文艺出版社, 2025.1. -- ISBN 978-7-5411-7096-6

Ⅰ. I266

中国国家版本馆 CIP 数据核字第 2024Z1R962 号

WANGGUOWEI DUSHU YU ZUOREN

王国维读书与做人

王国维 著

出品人 冯 静

联合出品 蓝色畅想 AS 述读文化 有识

责任编辑 张亮亮

特约编辑 杨雨兰

内文设计 李梓祎

插画绘制 姑苏阿焦

封面设计 仙 境

责任印制 孙文超

出版发行 四川文艺出版社(成都市锦江区三色路238号)

网 址 www.scwys.com

电 话 010-82372882（发行部）

印 刷 三河市九洲财鑫印刷有限公司

成品尺寸 145mm×210mm 开 本 32开

印 张 9.25 字 数 180千字

版 次 2025年1月第一版 印 次 2025年1月第一次印刷

书 号 ISBN 978-7-5411-7096-6

定 价 52.00元

人生过处唯存悔，知识增时只益疑

古今之成大事业、大学问者，不可不历三种之阶级：“昨夜西风凋碧树，独上高楼，望尽天涯路。”此第一阶级也。“衣带渐宽终不悔，为伊消得人憔悴。”此第二阶级也。“众里寻他千百度，回头蓦见，那人正在灯火阑珊处。”此第三阶级也。

天才者，或数十年而一出，或数百年而一出，而又须济之以学问，帅之以德性，始能产真正之大文学。

人之所以为人者，岂徒饮食男女，芸芸以生，厌厌以死云尔哉！饮食男女，人与禽兽之所同，其所以异于禽兽者，则岂不以理性乎哉！宇宙之变化，人事之错综，日夜相迫于前，而要求吾人之解释，不得其解，则心不宁。

人与己皆此同一之意志，知己所弗欲者，人亦弗欲之，各主张其生活之欲，而不相侵害，于是有正义之德。更进而以他人之快乐，为己之快乐，他人之苦痛，为己之苦痛，于是有博爱之德。

美之性质，一言以蔽之曰：可爱玩而不可利用者是已。虽物之美者，有时亦足供吾人之利用，但人之视为美时，决不计及其可利用之点。

教育之宗旨何在？在使人为完全之人物而已。何谓完全之人物？谓人之能力无不发达且调和是也。

哲学上之说，大都可爱者不可信，可信者不可爱。余知真理，而余又爱其谬误。伟大之形而上学，高严之伦理学，与纯粹之美学，此吾人所酷嗜也。

天下之物，绝无无理由而存在者。其存在也，必有所以存在之故，此即物之充足理由也。在知识界，则既有所与之前提，必有所与之结论随之。在自然界，则既有所与之原因，必有所与之结果随之。

感与觉，人与物之所同；思与知，则人之所独也。动物以振动表其感情及性质，人则以言语传其思想，或以言语掩盖之，故言语者，乃理性第一之产物，亦其必要之器官也。

“理”之意义，以理由而言，为吾人知识之普遍之形式；以理性而言，则为吾人构造概念及定概念间之关系之作用，而知力之一种也。

目录

第一章 人生过处唯存悔，知识增时只益疑

第二章 以我观物，故物皆著我之色彩

第三章 教育之宗旨何在，在使人为完全之人物而已

第四章 教育不足造英雄与天才，而英雄与天才自不可无陶冶之教育

第五章 学无新旧也，无中西也，无有用无用也

第六章 美育者一面使人之感情发达，以达成完美之域

第一章

人生过处唯存悔，
知识增时只益疑

文学小言

（一）

昔司马迁推本汉武时学术之盛，以为利禄之途使然。余谓一切学问皆能以利禄劝，独哲学与文学不然。何则？科学之事业，皆直接、间接以厚生利用为旨，古故未有与政治及社会上之兴味相刺谬者也。至一新世界观与新人生观出，则往往与政治及社会上之兴味不能相容。若哲学家而以政治及社会之兴味为兴味，而不顾真理之如何，则又决非真正之哲学。以欧洲中世哲学之以辩护宗教为务者，所以蒙极大之污辱，而叔本华所以痛斥德意志大学之哲学者也。文学亦然；铺啜的文学，决非真正之文学也。

（二）

文学者，游戏的事业也。人之势力用于生存竞争而有余，于是发而为游戏。婉娈之儿，有父母以衣食之，以卵翼之，无所谓争存之事也。其势力无所发泄，于是作种种之游戏。

逮争存之事亟，而游戏之道息矣。唯精神上之势力独优，而又不必以生事为急者，然后终身得保其游戏之性质。而成人以后，又不能以小儿之游戏为满足，于是对其自己之感情及所观察之事物而摹写之，咏叹之，以发泄所储蓄之势力。故民族文化之发达，非达一定之程度，则不能有文学；而个人之汲汲于争存者，决无文学家之资格也。

（三）

人亦有言，名者利之宾也。故文绣的文学之不足为真文学也，与铺啜的文学同。古代文学之所以有不朽之价值者，岂不以无名之见者存乎？至文学之名起，于是有因之以为名者，而真正文学乃复托于不重于世之文体以自见。逮此体流行之后，则又为虚玄矣。故模仿之文学，是文绣的文学与铺啜的文学之记号也。

（四）

文学中有二原质焉：曰景，曰情。前者以描写自然及人生之事实为主，后者则吾人对此种事实之精神的态度也。故前者客观的，后者主观的也；前者知识的，后者感情的也。自一方面言之，则必吾人之胸中洞然无物，而后其观物也深，而其体物也切；即客观的知识，实与主观的感情为反比例。自他方面言之，则激烈之感情，亦得为直观之对象、文学之材料；而观物与其描写之也，亦有无限之快乐伴之。要之，文学者，不外知识与感情交代之结果而已。苟无锐敏之知识与深邃之感情者，不足与于文学之事。此其所以但为天才游戏之事业，而不能以他道劝者也。

（五）

古今之成大事业、大学问者，不可不历三种之阶级："昨夜西风凋碧树，独上高楼，望尽天涯路。"（晏同叔《蝶恋花》）此第一阶级也。"衣带渐宽终不悔，为伊消得人憔悴。"（欧阳永叔《蝶恋花》）此第二阶级也。"众里寻他千百度，回头蓦见，那人正在灯火阑珊处。"（辛幼安《青玉案》）此第三阶级也。未有不阅第一、第二阶级，而能遽跻第三阶级者。文学亦然。此有文学上之天才者，所以又需莫大之修养也。

（六）

三代以下之诗人，无过于屈子、渊明、子美、子瞻者。此四子者苟无文学之天才，其人格亦自足千古。故无高尚伟大之人格，而有高尚伟大之文学者，殆未之有也。

（七）

天才者，或数十年而一出，或数百年而一出，而又须济之以学问，帅之以德性，始能产真正之大文学。此屈子、渊明、子美、子瞻等所以旷世而不一遇也。

（八）

“燕燕于飞，差池其羽。”“燕燕于飞，颉之颃之。”“睍睆黄鸟，载好其音。”“昔我往矣，杨柳依依。”诗人体物之妙，侔于造化，然皆出于离人孽子征夫之口，故知感情真者，其观物亦真。

（九）

“驾彼四牡，四牡项领。我瞻四方，蹙蹙靡所骋。”以《离骚》《远游》数千言言之而不足者，独以十七字尽之，岂不诡哉！然以讥屈子之文胜，则亦非知言者也。

（十）

屈子感自己之感，言自己之言者也。宋玉、景差感屈子之所感，而言其所言；然亲见屈子之境遇与屈子之人格，故其所言，亦殆与言自己之言无异。贾谊、刘向，其遇略与屈子同，而才则逊矣。王叔师以下，但袭其貌而无真情以济之。此后人之所以不复为楚人之词者也。

（十一）

屈子之后，文学上之雄者，渊明其尤也。韦、柳之视渊明，其如贾、刘之视屈子乎！彼感他人之所感，而言他人之所言，宜其不如李、杜也。

（十二）

宋以后之能感自己之感，言自己之言者，其唯东坡乎？山谷可谓能言其言矣，未可谓能感所感也。遗山以下亦然。若国朝之新城，岂徒言一人之言已哉？所谓“莺偷百鸟声”者也。

（十三）

诗至唐中叶以后，殆为羔雁之具矣。故五季、北宋之诗，（除一二大家外）无可观者，而词则独为其全盛时代。其诗词兼擅如永叔、少游者，皆诗不如词远甚。以其写之于诗者，不若写之于词者之真也。至南宋以后，词亦为羔雁之具，而词亦替矣。（除稼轩一人外）观此足以知文学盛衰之故矣。

（十四）

上之所论，皆就抒情的文学言之。（《离骚》、诗词皆是）至叙事的文学，（谓叙事诗、诗史、戏曲等，非谓散文也）则我国尚在幼稚之时代。元人杂剧，辞则美矣，然不知描写人格为何事。至国朝之《桃花扇》，则有人格矣，然他戏曲则殊不称是。要之，不过稍有系统之词，而并失词之性质者也。以东方古文学之国，而最高之文学无一足以与西欧匹者，此则后此文学家之责矣。

（十五）

抒情之诗，不待专门之诗人而后能之也。若夫叙事，则其所需之时日长，而其所取之材料富，非天才而又有暇日者不能。此诗家之数之所以不可更仆数，而叙事文学家殆不能及百分之一也。

（十六）

《三国演义》无纯文学之资格，然其叙关壮缪之释曹操，则非大文学家不办。《水浒传》之写鲁智深，《桃花扇》之写柳敬亭、苏昆生，彼其所为，固毫无意义。然以其不顾一己之利害，故犹使吾人生无限之兴味，发无限之尊敬，况于观壮缪之矫矫者乎？若此者，岂真如汗德所云，实践理性为宇宙人生之根本欤？抑与现在利己之世界相比较，而益使吾人兴无涯之感也？则选择戏曲小说之题目者，亦可以知所去取矣。

（十七）

吾人谓戏曲小说家为专门之诗人，非谓其以文学为职业也。以文学为职业，餔餟的文学也。职业的文学家，以文学为生活；专门之文学家，为文学而生活。今餔餟的文学之途，盖已开矣。吾宁闻征夫思妇之声，而不屑使此等文学嚣然污吾耳也。

谈艺小言

《高昌壁画》及《石鼓考释》今晨持送乙老，渠谓此事可得数旬探索，维即请其以笔记之，不知此老能细书否耳。维疑前十二图确为六朝人画，至十三图以后有回纥字者当出唐人，因前画均无笔墨可寻，而第十三图以后则笔意生动，新旧分界当在于此。

（1916 年 9 月 9 日）

巨师画，乙老前言前半似河阳，维已疑董、巨同出右丞，巨公当有此种笔法。……维于观明以后画无丝毫把握，唯于董、巨或能知之；且如此大卷，必有惊心动魄之处，以“气象”“墨法”二者决之，可无误也。

（1916 年 11 月 1 日）

前函言杨异《雪山朝霁图》，写灞桥风雪意，此语大误。灞桥系平原大道，虽可望见南山，地势不得如此收缩。既非写孟浩然事，则疑其不出杨昇者误也。僧繇、探微不可得见，观其画知唐山画法已自精能，（大小李虽不可见，当与赵千里辈不甚相远。惟树法犹存汉魏六朝遗意）右丞独不拘于形似而专写物意，故为南宗第一祖。杨画实为由张、陆辈至右丞过渡，其可贵不在《江山雪霁》下也。

（1916 年 5 月 8、9、10 日）

又有一卷雪景，树仿郭河阳，山石仿范中立，气象甚大，末有“千里伯驹”四字隶书款（款亦佳）。乍观之似马、夏一派，用笔甚粗而实有细处。向所传千里画皆金碧细皴，惟此独粗，盖内画近景与远景之不同，此恐千里真本。不观此画，不能知马、夏渊源（惟绢甚破碎）。乙甚赏此画，又甚以鄙言为然，谓得后乞跋之。……恐北宋流别中当以此为压卷（图中人物面皆敷朱）也。《雪山朝霁图》乃画灞桥风雪（开元中人未必画孟浩然事），恐在中唐以后，未必出杨昇手；此画实于右丞、北苑之间得一脉络。原本赋色否？

（1916 年 5 月 7 日）

昨日赴哈园，书画展览会所陈列者，廉泉之物为多。有一山水立幅，宫子行题为荆浩，傅以赭绛，气势浑沦，略似北苑。山皴皆大披麻，悬泉两道与松树云气，画法全同北苑，唯下幅近处山石间用方折，有似荆法。此画当出董、巨以后，然不失为名迹也。

（1916 年 10 月 11 日）

今日晴始出，过冰泉，已自粤归，携得北苑一卷、一幅。卷未见，立幅佳甚。幅不甚阔，系画近景，上山作粗点大笔披麻皴，并有矾头，下作四五枯树及泉水，并有小草，境界全在公所藏诸幅之外。幅上诗斗有（真）［香］光题字，略云仿李思训者。画上又有纯皇题诗一首，乃内府流出在孔氏岳雪楼者，此可谓剧迹（此幅绢极细而色较白）。其一卷盖已出外，索观不得。又一石谷临巨然《烟浮远岫》立幅，气魄雄厚，局势开张，用粗点大披麻皴，全得家法，尚想见原本神观（与《唐人诗意》幅不同，而与《万壑图》相近）。

（1917 年 1 月 5 日）

十七日过冰泉处，始见北苑《山居图》卷，令人惊心动魄。此卷与小幅，在公藏器几可与《溪山行旅》《群峰霁雪》抗衡。因绢素干净，故精神愈觉焕发。观《山居》卷，知香光得力全在此种。

（1917 年 1 月 13 日）

过程冰泉……出示诸画。有巨然二幅，大而短，乃元、明间人所为（并非高手）。惟竹一大幅大佳，其竹乃渲染而成，有竹处无墨，而以淡墨为地，此法极奇；当中竹三四竿气象雄伟，一竿竹旁倒书“此竹值黄金百两”篆书二行。冰泉谓人言宋人画录中记此事，此极荒唐，惟此画尚是宋人笔墨。

（1916年10月3日）

昨为看巨师画预备一切，因悟北苑《群峰霁雪》卷多作蟹爪树，乃与河阳同出右丞。巨然出北苑而变为柔细，则似河阳固其宜也。惟气魄必有异人处，如公之河阳《秋山行旅》卷气象已极不同，何况巨公？

（1916年11月6日）

巨然卷，末题“钟陵寺僧巨然”六字，略似明人学钟太傅书者，似系后加。卷长二丈有余，不及三丈，前云五丈者，传闻之误也。全卷石法、树法全从北苑出，树根用北苑法，石有作短笔麻皴者（因画江景故）。虽不辟塞而丘壑特奇（宫室亦用董、巨法，前半仍是巨法，不似河阳。山石阴阳分晓，有宋人意，或者时已有此风亦未可知），温润处不如《唐人诗意》卷，气魄亦逊。窃谓此卷若以画法求之，则笔笔皆是董、巨，惟于真气惊人之处则比《秋山行旅》《群峰霁雪》

《云壑飞泉》诸图皆有逊色，用墨有极黑处，当是宋人摹本，未敢遽定为真。

（1916年11月6日）

今晨又将董、巨诸画景印本展阅一过，觉昨所观《江山秋霁》卷为宋人摹本无疑。其石法、树法皆有渊源，惟于元气浑沦之点不及诸图远甚，用笔清润处亦觉不如。卷中高石皴法与《雪霁图》略同；短石作短笔麻皴，求之董、巨诸图，均所未见：似合洪谷、北苑为一家者，都不如诸立幅作大披麻皴及大雨点皴也。

（1916年11月7日、8日）

黄氏巨师画卷，维前所以谓为宋摹者，即以其深厚博大之处与真迹迥异，若论画法，则笔笔是董、巨，无可訾訾议，与公前后各书所论略同。顾隺逸所藏即《万壑图》，得公书乃恍然。窃意北苑画法备于《溪山行旅》《群峰霁雪》二图；《万壑松风》与未见之《潇湘图》，一大一细，当另是一种笔墨，其真实本领，实于前二图见之。巨然《唐人诗意》立幅虽无确据，然非董非米，舍巨师其谁为之？其中房屋小景，用笔温润浑厚，与《溪山行旅》异曲同工。黄氏卷惟有法度尚存，气象神味皆不如诸幅远矣。海内董、巨，恐遂止此数，不知陕石一卷何如耳。

（1916 年 11 月 15 日）

今晨往谈，渠（按，指沈乙庵）出一《杨妃出浴图》见示，笔墨极静穆，无痕迹。行笔极细，稍着色，而面目已娟秀，不似唐人之丰艳。渠谓早则北宋人，迟则元、明摹本（此画渠已购得）。殆近之。

（1916 年 5 月 17 日）

十二件内之王元章梅花虽系乙老推荐，而实未见此画。维见此画有气魄而不俗，又题款数行小楷极似公所藏王叔明《柳桥渔艇》卷后元章跋（俱王卷跋兼有柳法）。而此款字较小，全作小欧体，冬心平生多学此种（画心又极干净）。此幅若真，则尚算精品，唯究不知何如？亟待公观后一印证书。

（1916 年 11 月 25 日）

景叔以五十元得一唐六如小卷（实横幅），纸本，极干净，无款，但有“唐居士印”四字，朱字牙章。其画石学李晞古笔意，颇极秀逸，如系伪品，恐亦须石谷辈乃能为此。

（1916 年 9 月 4 日）

索乙老书扇。为书近作四律索和，三日间仅能交卷，而苦无精思名句。即乙老诗亦晦涩难解，不如前此诸章也。

（1916年8月30日）

为乙老写去年诗稿共十八页，二日半而成。其中大有杰作，一为王聘三方伯作《鬻医篇》，一为《陶然亭诗》，而去年还嘉兴诸诗议论尤佳。其《卫大夫宏演墓诗》云："亡虏幸偷生，有言皆粪土。"今日往谈，称此句，乙云："非见今日事，不能为此语。"

（1916年12月28日）

读书小言

古今最大著述

余尝数古今最大著述，不过五六种。汉则司马迁之《史记》、许慎之《说文解字》，六朝则郦道元之《水经注》，唐则杜佑之《通典》，宋则沈括之《梦溪笔谈》，皆一空依傍，自创新体。后人著作书，不过赓续之、摩拟之、注释之、改正之而已。然《史记》诸书，皆蒐辑旧闻为之，犹不过组织考核之功。惟《笔谈》皆自道其所得，其中虽杂以琐闻谐谑，与寻常杂家相等，然其精到之处，乃万劫不可磨灭，后人每无能继之者，可谓豪杰之士矣。

（《二牖轩随录》）

《史记》记六国事多取诸国国史

《史记》一书，虽以《左传》《国策》诸书为本，然其记六国事，亦多取于诸国国史。所谓金匮石室之书，自刘向校书，盖已不及见矣。《赵世家》一篇，多记神怪梦幻事，行文奇纵，当本于赵国之史，非后世小说所能仿佛也。兹列举之……此六事迷离惝恍，史公记他国事，皆不及此等事，疑皆仍列国旧史也。

（《二牖轩随录》）

佛法入中国

佛法入中国，在汉明帝之前。明都穆《听雨纪谈》："秦时沙门室利（序）等至，始皇以为异，囚之。夜有金人，破户以出。"其言固不足信，然《汉书》"霍去病获休屠王祭天金人"，鱼豢《魏略·西域传》"哀帝元寿元年，博士弟子秦景卢受大月氏使伊存口传浮图经"，《隋书·经籍志》"张骞使西域，盖闻有浮屠之教"，皆其证也。又隋释法经《上文帝书》："昔方朔睹昆明下灰令问西域取决。刘向校书天禄阁，已见佛经。方知前汉之世，圣法久至。"

（《二牖轩随录》）

《木兰辞》之时代

乐府《木兰辞》，人人能诵之，然罕知其为何时之作。以余考之，则唐太宗时作也。其诗云：“策勋十二转，赏赐百千强。”（按，隋以前，但有官品，未有勋级，唐始有之）《唐六典》：“司勋郎中掌邦国官人之勋级，凡十有二等。十二转为上柱国，比正二品。”则此诗为唐时所作无疑。又，诗中可汗与天子杂称，唐时惟太宗称天可汗，当是太宗时作。前人疑为六朝人诗，非是。

（《东山杂记》）

杜工部诗史

杜工部《忆昔》诗：“忆昔开元全盛日，小邑犹藏万家室。稻米流脂粟米白，公私仓廪俱丰实。九州道路无豺虎，远行不劳吉日出。”此追怀开元末年事。《通典》载：“开元十三年封泰山，米斗至十三文，青、齐谷斗至五文。自后天下无贵物，两京米斗不至二十文，面三十五文，绢一匹二百一十文。”正此时也。仅十余年，至天宝十四载十一月，工部自京赴奉先县，作《咏怀》诗，时渔阳反状未闻也，乃云：“朱门酒肉臭，路有冻死骨。”又云：“入门闻号咷，幼子饥已卒。”“所愧为人父，无食致夭折。”生常免租税，名不隶征伐。”“抚迹犹酸辛，平人固骚屑。”盖此十年间，吐番云南，相继构兵，女谒贵戚，穷极奢侈，遂使安禄山得因之而起。君子读此诗，不待渔阳鼙鼓，而早知唐之必乱矣。

杜诗云："终须相就饮一斗，恰有三百青铜钱。"此至德初长安酒价也。"岂闻区绢直万钱。"此广德蜀中绢价也。"云帆转辽海，粳稻来东吴。"此天宝间渔阳海运事也。三者史所不载，而于工部诗中见之，此其所以为史诗欤？

（《东山杂记》）

唐代诗文书籍平浅易解

唐代不独有俗体诗文，即所著书籍，亦有平浅易解者，如《太公家教》是也。《太公家教》一书，见于《李习之文集》，至于文中子《中说》并称。宋王明清《玉照新志》亦称其书。顾世无传本。近世敦煌所出凡数本……观其多用俗语，而文极芜杂无次序，盖唐时乡学究之所作也。

（《东山杂记》）

《望江南》《菩萨蛮》风行之速

上虞罗氏藏敦煌所出唐写本《春秋后语》背记，有唐咸通间人所书《望江南》二阕、《菩萨蛮》词一阕，别字甚多，盖僧雏戏笔。此二阕，唐人最多为之。其风行实始于太和中间，不十年间，已传至边陲，可见风行之速矣。

（《东山杂记》）

小说与说书

通俗小说称若干回者，实出于古之说书。所谓“回”者，盖说书时之一段落也。说书不知起于何时，其见于记载者，以北宋为始。高承《事物纪原》（九）云：“仁宗时市人有能谈三国事者，或采其说，加缘饰作影人。”《东坡志林》（六）云：“王彭尝云，涂巷中小儿薄劣，为其家所厌苦，辄与钱，令聚坐听说古话。至说三国事，闻刘玄德败，频眉蹙；闻曹操败，即喜唱快。”孟元老《东京梦华录》所载：崇宁大观以来，京瓦伎艺，则讲史有李慥、杨中立、张十一、徐明、赵世亨五人；小说有王颜喜、盖中宝、刘名广三人；又有“霍四究说三分，尹常卖五代史”。则北宋之末已有讲史、小说二种。说三分与卖五代史，亦讲史之类也。南渡后，总谓之说话。宋无名氏《都城纪胜》谓说话有四种：一小说，一说经，一说参请，一说史书。周密《武林旧事》、吴自牧《梦粱录》所记略同。《纪胜》与《梦粱录》并谓“小说，人能以一朝一代故事，顷刻间提破”，则小说同说史书亦无大别，然大抵敷衍烟粉灵怪，无关史事者。说经则说佛经，说参请则说宾主参禅道等事，而以小说与说史为最著。此种小说，传于今日者，有旧本《宣和遗事》二卷，……《五代平话》一书……吾国古小说之存者，惟此二书而已。

（《东山杂记》）

通俗小说源出宋代

今之通俗小说，如《水浒传》《三国演义》《西游记》《封神榜》诸书，大抵明人所润色，然其源皆出于宋代。《三国演义》与《西游记》，前条既言之矣。《水浒传》亦出《宣和遗事》。又《录鬼簿》所载元人杂剧，其咏水浒事者，多至十三本。其事与今书多不同，盖其祖本亦非一本。又元杂剧中《摘星楼比干剖腹》，乃演《封神榜》之事；《谢金吾诈拆清风府》及《昊天塔孟良盗骨殖》，乃演杨家将之事；他如《包待制三勘蝴蝶梦》《包待制智斩鲁斋郎》《包待制智勘后庭花》《包待制智赚灰阑记》《包待制智赚合同文字》《糊突包待制》《包待制判断烟花鬼》，则《龙图公案》之祖也；《秦太师东窗事犯》，则《岳传》之祖也。《梦粱录》载南渡说史书者，或敷衍《复华编》《中兴诸将传》，则《岳传》在宋时已有小说。至戏曲小说同演一事者，孰后孰先，颇难臆断。至其文字结构，则以现存《五代平话》《宣和遗事》《大唐三藏取经诗话》观之，尚不及戏曲远甚，更无论后代小说。然则今之《水浒》《西游》《三国演义》等，实皆明人之作。宋、元间之祖本，决不能如是进步也。

（《东山杂记》）

周邦彦《诉衷情》一阕为李师师所作

曩撰《清真先生遗事》，颇辨《贵耳集》《浩然斋雅谈》所载周清真与李师师事之误。然清真《片玉词》中有《诉衷情》一阕，曰："当时选舞万人长。玉带小排方。喧传京国声价，年少最无量。花阁迥，酒筵香，想难忘。而今何事，佯向人前，不认周郎。"（按，玉带排方，乃宋时乘舆之服。亲王大臣赐玉带者，以方团别之，复加佩玉鱼金鱼）且有宋一代，人臣及外戚之赐玉带者，不过数十人。其便服玉带，虽上下通用，然不知倡优何以得服此，且用排方，与天子无别。颇疑此词为师师作矣。（按，师师曾赐金带，见于当时公牍《三朝北盟会编》）靖康元年正月十五日圣旨："应有官无官诸色人，曾经赐金带，各据前项所赐条数，自陈纳官，如敢隐蔽，许人告犯，重行遣断。"后有尚书省指挥云："赵元奴、李师师、王仲端，曾经祗候、倡优之家，曾经赐金带者，并行陈纳。"《老学庵笔记》亦言："朱勔家奴数十人，皆服金带。"宋制亦三品以上方许服金带，乃倡优奴隶皆得此赐，则玉带排方或出内赐，亦未可知。僭滥至此，真《五行传》所谓服妖者矣。

（《东山杂记》卷二）

赵子昂

文人事异姓者，易代之际往往而有，然后人责备最至者，莫如赵子昂。元僧某《题赵子昂书（归去来辞）》云："典午山河半已墟，褰裳宵逝望吾卢。翰林学士宋公子，好事多应醉里书。"虞堪胜伯题其《苕溪图》云："吴兴公子玉堂仙，写出苕溪似辋川。回首青山红树下，那无十亩种瓜田。"周良右题其画竹则云："中原日暮龙旗远，南国春深水殿寒。留得一枝烟雨里，又随人去报平安。"沈石田题其画马则云："隅目晶荧耳竹披，江南流落乘黄姿。千金千里无人识，笑看胡儿买去骑。"王渔洋题其画羊则云："南渡铜驼犹恋洛，西来玉马已朝周。牧羝落尽苏卿节，五字河梁万古愁。"诸家攻之不遗余力，而虞胜伯一绝，温厚深婉，尤为可诵。虽然，渊渊玉俭，彼何人哉，如赵王孙者，犹其为次也。

（《东山杂记》卷二）

元剧之三期

予尝分元剧为三期：（一）蒙古时代。此自太宗取中原之后，至至元一统之初。《录鬼簿》上所著之五十七人，大都在此期中，其人皆北方产也。（二）一统时代。则自至元一统后，至至顺后至元时。《录鬼簿》下所谓“已亡名公才人，与余相知，或不相知者”，皆在此期中。其中以南人为多，否则北人而旅居南方者也。（三）叔季时代。则顺帝至正间人，《录鬼簿》所谓“方今才人”是也。此三期中，以第一期为最盛，元剧之杰作皆出于此期中，其剧存者亦多。至第二期，除郑光祖、乔吉二家外，殆无足观，其曲存者亦罕。至第三期则存者更罕，仅有秦简夫、萧德祥、朱士凯、王晔五剧，其视蒙古时代之剧，衰微甚矣。就元剧家之里居考之，则作杂剧者六十三人中，北人得五十，南人得十三人。又北人之中，则中书省所辖之地，即今之直隶、山东西产者，又得四十五人。而其中大都二十人，平阳当大都之半。（按，《元史·太宗纪》：七年，“耶律楚材请立编修所于燕京，经籍所于平阳，编集经史”）至世祖至元二年，始徙平阳经籍所于京师。则北方除大都外，以平阳为文物最盛之地，宜杂剧家之多出也。

（《二牖轩随录》）

杂剧之作者

蒙古人中有作小令、套数者；然作杂剧者，则惟汉人（中李直夫为女真人）。大臣之中有作小令、套数者；然作杂剧者，大抵布衣，否则为省掾令史之属。盖自金人重吏，自掾史出身者，其任用或反优于科目。至蒙古灭金，而科目之废，垂八十年，为唐宋以来未有之事。故文章之士，非刀笔吏无以进身；则杂剧家之多出于掾史中，不足怪也。

（《二牖轩随录》）

杂剧发达之原因

明沈德符《野获编》、臧懋循《元曲选序》，谓元初灭金时，曾以词曲取士，其说固妄诞不足道。余则谓元之废科目，却为杂剧发达之原因。盖唐宋以来，士人竞于科目，已非一朝一夕之事，一旦废斥，彼其才力无所用，而一于杂剧发之。且金时就科目者，其业至为浅陋，观《归潜志》所载科目事可知。此种人士，一旦失其所业，固不能为学术上之事，而高文典册，又非其所素习也。适有杂剧新体出，遂多从事于此；而又有一二天才出于其间，充其才力，而元之杂剧，遂为千古独绝之文字。然则由杂剧家之时代爵里，以推元剧创造之时代，及其发达之原因，如上所陈者，固非想象之说也。

（《二牖轩随录》）

关马白郑

元代曲家，昔称关、马、郑、白。然以时代与其所诣考之，不如称关、马、白、郑为妥也。关汉卿一空傍倚，自铸伟词，而其词曲尽人情，字字本色，故当为元人第一。白仁甫、马致远之词，高华雄浑，情深文明。郑德辉清丽芊绵，自成馨逸，均不失为第一流。其余曲家，均不出前四家范围内。惟宫大用瘦硬通神，独树一帜，其品当在关、马之间。明人《曲品》，跻马致远于第一，而抑汉卿于后。盖元中叶以后，学马、郑者多，而学汉卿者少故也。

（《二牖轩随录》）

《日知录》中泛论多有为而为

顾亭林先生《日知录》中泛论，亦多有为而为。如“自古以文辞欺人者莫如谢灵运”一节，为钱牧斋发也；“嵇绍不当仕晋”一则，为潘稼堂发也。

（《东山杂记》）

钱牧斋

冯已苍《海虞妖乱志》，写明季士大夫之诪张贪乱，几于“燃犀烛牛渚，铸鼎象魑魅”。实代之奇作也。书中于钱牧斋无一恕词，且亦不满于瞿忠宣。巳苍虽牧斋门人，然直道所存，亦不能为之讳也。观此书，则牧斋乙未后之事，乃其固然，毫不足异，其为众恶所归，又遭文字之禁，乃出于人心之公，非一朝之私见。尤可笑者，嘉道间，陈云伯为常熟令，修柳夫人墓，牧斋冢在其侧，不过数十步，无过问者。时钱梅溪在云伯幕中，为集苏文忠公书五字，曰“东涧老人墓”，刻石立之，见者无不窃笑。又吴枚庵《国朝诗选》以明末诸人，别为二卷附录，其第一人为彭抝，字谦之，常山人。初疑无此姓名，及读其诗，皆牧斋作也。此虽缘当日有文字之禁，故出于此。然令牧斋身后，与羽素兰同科，亦谑而虐矣。

（《东山杂记》）

国朝学术

国朝三百年学术，启于黄、王、顾、江诸先生，而开乾嘉以后专门之风气者，则以东原戴氏为首。东原享年不永，著述亦多未就者，然其精深博大，除汉北海郑氏外，殆未有其比。一时交游门第，亦能本其方法，光大其学……戴氏礼学，虽无成书，然曲阜孔氏、歙县金氏、绩溪胡氏之学，皆出戴氏。其于小学亦然，书虽未成，而其转注假借之说，段氏据之以注《说文》，王、郝二氏训诂音韵之学，亦由此出。戴君《考工记图》，未为精确，歙县程氏以悬解之才，兼据实物以考古籍，其《磬折古义》《考工创物小记》等书，精密远出戴氏其上，而《释虫小记》《释草小记》《九谷考》等，又于戴氏之外，自辟蹊径。程氏与东原虽称老友，然亦同东原之风而起者。大抵国初诸老，根柢本深，规模亦大，而粗疏在所不免；乾嘉诸儒，亦有根柢，有规模，而加之以专，行之以密，故所得独多；嘉道以后，经则主今文，史则主辽金元，地理则攻西北，此数者亦学者所当有事，诸儒所攻，究不为无功，然于根柢规模，逊于前人远矣。

（《东山杂记》）

清诸帝相貌

奉天崇谟阁中藏《太祖高皇帝实录》，以满、汉、蒙古三种文作三层书之，每层皆有图。其中太祖大王（即礼亲王代善）、四王（即太宗文皇帝）诸像，皆极魁伟丰腴；而敬典阁所藏高宗、仁宗、宣宗诸像，则皆清癯如老诸生。世传高宗为海宁陈氏子，世宗生女，适以易之。语虽不经，然此说遍天下。盖因高宗骨相，与列祖微异故也。

（《阅古漫录》）

论性

今吾人对一事物，虽互相反对之议论，皆得持之而有故，言之而成理，则其事物必非吾人所能知者也。“二加二为四”“二点之间只可引一直线”，无论何人，未有能反对之者也。因果之相嬗，质力之不灭，无论何人，未有能反对之者也。数学及物理学之所以为最确实之知识者，岂不以此矣乎？今《孟子》之言曰：“人之性善。”《荀子》之言曰：“人之性恶。”二者皆互相反对之说也，然皆持之而有故，言之而成理，然则吾人之于人性，固有不可知者在欤？孔子之所以罕言性与命者，固非无故欤？且于人性论中，不但得容反对之说而已，于一人之说中，亦不得不自相矛盾。《孟子》曰：“人之性善，在求其放心而已。”然使之放其心者谁欤？《荀子》曰：“人之性恶，其善者伪（人为）也。”然所以能伪者何故欤？汗德（今译康德）曰：“道德之于人心，无上之命令也。”何以未几而又有根恶之说欤？叔本华曰：“吾人之根本，生活之欲也。”然所谓拒绝生活之欲者，又何自来欤？古今东西之论性，未有不自相矛盾者。使性之为物，如数及空间之性质然，吾人之知之也既确，而其言之也无不同，则吾人虽昌言有论人性之权利可也。试问吾人果有此权利否乎？今论人性者之反对矛盾如此，则性之为物，固不能不视为超乎吾人之知识外也。

今夫吾人之所可得而知者，一先天的知识，一后天的知识也。先天的知识，如空间时间之形式，及悟性之范畴，此不待经验而生，而经验之所由以成立者，自汗德之知识论出后，今日殆为定论矣。后天的知识，乃经验上之所教我者，凡一切可以经验之物皆是也。二者之知识皆有确实性，但前者有普遍性及必然性，后者则不然，然其确实则无以异也。今试问性之为物，果得从先天中或后天中知之乎？先天中所能知者，知识之形式，而不及于知识之材质，而性固一知识之材质也，若谓于后天中知之，则所知者又非性。何则？吾人经验上所知之性，其受遗传与外部之影响者不少，则其非性之本来面目，固已久矣。故断言之曰：性之为物，超乎吾人之知识外也。

人性之超乎吾人之知识外，既如斯矣，于是欲论人性者，非驰于空想之域，势不得不从经验上推论之。夫经验上之所谓性，固非性之本，然苟执经验上之性以为性，则必先有善恶二元论起焉。何则？善恶之相对立，吾人经验上之事实也，反对之事实，而非相对之事实也。相对之事实，如寒热、厚薄等是。大热曰“热”，小热曰“寒”。大厚曰“厚”，稍厚曰“薄”。善恶则不然。大善曰“善”，小善非“恶”；大恶曰“恶”，小恶亦非“善”。又积极之事实，而非消极之事实也。有光曰“明”，无光曰“暗”。有有曰“有”，无有曰“无”。善恶则不然。有善曰“善”，无善犹“非恶”；有恶曰“恶”，无恶犹“非善”。惟其为反对之事实，故善恶二者，不能由其一说明之，唯其为积极之事实，故不能举其一而遗其他。故从经验上立论，不得不盘旋于善恶二元论之胯下，然吾人之知识，必求其说明之统一，而决不以此善恶二元论为满足也。于是性善论、性恶论，及超绝的一元论（即性无善无不善说，及可以为善可以为不善说），接武而起。夫立于经验之上以言性，虽所论者非真性，然尚不至于矛盾也。至超乎经验之外，而求其说明之统一，则虽反对之说，吾人得持其一，然不至自相矛盾不止。何则？超乎经验之外，吾人固有言论之自由，然至欲说明经验上之事实时，则又不得不自圆其说，而复反于二元论。故古今言性者之自相矛盾，必然之理也。今略述古人论性之说，而暴露其矛盾，世之学者，可以观焉。

我国之言性者古矣。尧之命舜曰：“人心唯危，道心唯微。”《仲虺之诰》汤曰：“惟天生民，有欲无主乃乱，惟天生聪明时乂。”《汤诰》则云：“惟皇上帝，降衷于下民。若有恒性，克绥厥猷唯后。”此二说，互相发明，而与霍布士之说若合符节，然人性苟恶而不可以为善，虽聪明之君主，亦无以乂之。而聪明之君主，亦天之所生也，又苟有善之恒性，则岂待君主之绥乂之乎？然则二者非互相豫想，皆不能持其说，且仲虺之于汤，固所谓见而知之者，不应其说之矛盾如此也。二《诰》之说，不过举其一面而遗其他面耳。嗣是以后，人又有唱一元之论者。《诗》曰：“天生烝民，有物有则。民之秉彝，好是懿德。”刘康公所谓“民受天地之中以生”者，亦不外《汤诰》之意。至孔子而始唱超绝（对）的一元论，曰：“性相近也，习相远也。”又曰：“唯上知与下愚不移。”此但从经验上推论之，故以之说明经验上之事实，自无所矛盾也。

告子本孔子之人性论，而曰：“生之谓性，性无善无不善也。”又曰：“性犹湍水也，决诸东方则东流，决诸西方则西流。”此说虽为孟子所驳，然实孔子之真意。所谓“湍水”者，性相近之说也。“决诸东方则东流，决诸西方则西流”者，习相远之说也。孟子虽攻击之，而主性善论，然其说，则有未能贯通者。其山木之喻，曰：“牛山之木尝美矣……是岂山之性也哉？虽存乎人者，岂无仁义之心哉！其所以放其良心者，亦犹斧斤之于木也，旦旦而伐之，可以为美乎？其昼夜之所息，平旦之气，其好恶与人相近也者几希，则其旦昼之所为，有梏亡之矣。梏之反覆，则其夜气不足以存……此岂人之情也哉！”然则所谓“旦旦伐之”者何欤？所谓“梏亡之”者何欤？无以名之，名之曰“欲”，故曰：“养心莫善于寡欲。”然则所谓“欲”者，何自来欤？若自性出，何为而与性相矛盾欤？孟子于是以小体大体说明之曰：“耳目之官，不思而蔽于物，物交物，则引之而已矣。心之官则思，思则得之，不思则不得也，此天之所以与我者。”顾以心为天之所与，则耳目二者，独非天之所与欤？孟子主性善，故不言耳目之欲之出于性，然其意则正如此，故孟子之性论之为二元论，昭然无疑矣。

至荀子反对孟子之说而唱性恶论，曰："礼义法度，是生于圣人之伪，非故生于人之性也。若夫目好色、耳好声、口好味、心好利、骨体肤理好愉佚，是皆生于人之情性者也。感而自然，不待事而后生之者也。夫感而不能然，必且待事而后然者，谓之生于伪，是性伪之所生，其不同之征也。故圣人化性而起伪。"又曰："古者圣人以人之性恶，以为偏险而不正，悖乱而不治，故为之立君上之势以临之，明礼义以化之，起法政以治之，重刑罚以禁之，使天下皆出于治，合于善。此圣王之治，而礼义之化也。今试去君上之势，无礼义之化；去法政之治，无刑罚之禁，倚而观天下人民之相与也。若是，则夫强者害弱而夺之，众者暴寡而哗之，天下之悖乱而相亡，不待顷矣。然则人之性恶明矣，其善者伪也。"（《性恶篇》）吾人且进而评其说之矛盾，其最显著者，区别人与圣人为二是也。且夫圣人独非人也欤哉！常人待圣人出礼义兴，而后出于治，合于善，则夫最初之圣人，即制作礼义者，又安所待欤？彼说礼之所由起，曰："人生而有欲，欲而不得则不能无求，求而无度量分界则争，争则乱，乱则穷。先王恶其乱也，故制礼义以分之，以养人之欲，给人之求，此礼之所由起也。"（《礼论篇》）则所谓礼义者，亦可由欲推演之，然则胡不曰"人恶其乱也，故作礼义以分之"，而必曰"先王"何哉？又其论礼之渊源时，亦含矛盾之说。曰："今人之性，饥而欲饱，寒而欲暖，劳而欲休，此人之情也。

今人饥，见长而不敢先食者，将有所让也，劳而不敢求息者，将有所代也。夫子之让乎父，弟之让乎兄，子之代乎父，弟之代乎兄，此二行者，皆反于性而悖于情也。”（《性恶篇》）然又以三年之丧为称情而立文，曰：“凡生乎天地之间者，有血气之属，必有知；有知之属，莫不爱其类。今夫大鸟兽，则失亡其群匹，越月逾时，则必反沿，过故乡则必徘徊焉，鸣号焉，踯躅焉，踟蹰焉，然后能去之也。小者是燕爵，犹有啁噍之顷焉，然后能去之。故有血气之属，莫知于人，故人之于亲也，至死无穷。”故曰：“说豫娩泽，忧患萃恶；是吉凶忧愉之情之发于颜色者也。……”（《[理]（礼）论篇》）此与《孟子》所谓“孩提之童，无不知爱其亲，及所以告夷之”者何异，非所谓感于自然，不待事而后然者欤？则其非“反于性而悖于情”，明矣。于是荀子性恶之一元论，由自己破灭之。

人性之论，唯盛于儒教之哲学中，至同时之他学派则无之。约而言之，老、庄主性善，故崇自然，申、韩主性恶，故尚刑名。然在此诸派中，并无争论及之者。至汉而《淮南子》奉老子之说，而唱性善论，其言曰：“清净恬愉，人之性也。”（《人间训》）故曰：“乘舟而惑者，不知东西，见斗极则寤矣。夫性，亦人之斗极也。有以自见也，则不失物之情；无以自见也，则动而惑营。”又曰：“人之性无邪，久湛于俗则易，易而忘本，合于若性。故日月欲明，浮云盖之；河水欲清，沙石灭之。人性欲平，嗜欲害之。”（《齐俗训》）

于是《淮南子》之性善论与《孟子》同，终破裂而为性欲二元论。

同时董仲舒亦论人性曰："性之名非生欤？如其生之自然之资之谓性，性者，质也。诘性之质于善之名，能中之与？既不能中矣，而尚谓之质善，何哉？""故性比于禾，善比于米。米出禾中，而禾未可全为米也；善出性中，而性未可全为善也。善与米，人之所继天而成于外，非在天之所为之内也。"（《春秋繁露·深察名号篇》）其论法全似《荀子》，而其意则与告子同。然董子亦非能久持此超绝的一元论者。夫彼之形而上学，固阴阳二元论也。其言曰："阳天之德，阴天之刑，阳常居实位，而行于盛；阴常居空虚，而行于末。"（同，《阳尊阴卑篇》）故曰："天［雨］（两）有阴阳之施，人［雨］（两）亦有贪仁之性。"（《深察名号篇》）由此二元论，而一面主性恶之说曰："民之为言瞑也，弗扶将颠陷猖狂，安能善？"（《深察名号篇》）刘向谓"仲舒作书美荀卿，非无据也"。然一面又谓"天覆育万物，既化而生之，有养而成之"。"察于天之意无穷极之仁也。人之受命于天也，取仁于天而仁也。"（《王道通三篇》）又曰："阴之行不得［于］（干）春夏，而月之魄常厌于日光，乍全乍伤，天之禁阴如此，安得不损其欲而辍其情以应天？"（《深察名号篇》）夫人受命于天，取仁于天，捐情辍欲，乃合天道，则又近于性善之说。要之，仲舒之说，欲调和孟、荀二家，而不免以苟且灭裂终者也。至扬雄出，遂唱性善恶混之二元论。至唐之中叶，伦理学上后提起人性论之问题。韩愈之《原性》，李翱之《复性书》，皆有名于世。愈区别性与情为二，翱虽谓情由性出，而又以为性善而情恶。其根据薄弱实无足言者。至宋之王安石，复绍述告子之说。其《性情论》曰："性情一也。七情之未发于外，而存于心者，性也。七情之发于外者，情也。性者，情之本；情者，性之用也。故性情一也。"又曰："君子之所以为君子者，无非情；小人之所以为小人者，无非情；情而当于理，则圣贤也；不当于理，则小人也。"同时苏轼亦批评韩愈之说，而唱超绝的一元论，又下善之界说。其《扬雄论》曰："性者，果泊然而无所为耶？则不当复有善恶之说。苟性之有善恶也，则夫所谓情者，乃吾所谓性也。人生而莫不有饥寒之患，牝牡之欲，今告于人曰：饥而食，渴而饮，男女之欲，不出于人之性也，可乎？是天下知其不可也。圣人无是，无由以为圣；而小人无是，无由以为恶。圣人以其喜、怒、哀、惧、爱、恶、欲七者御之，而之乎善，小人以是七者御之，而之乎恶。由是观之，善恶者，性之所能之，而非性所能有也。且夫言性又安以其善恶为哉？虽然，扬雄之论，则固已近之，曰：'人之性，善恶混。修其善则为善人，修其恶则为恶人。'此其所以为异者。唯其不知性之不能以有善恶，而以为善恶之皆出于性而已。夫太古之初，本非有善恶之论，唯天下之所同安者，圣人指以为善，而一人之所独乐者，则名以为恶。天下之人，固将即其所乐而行之，孰知圣人唯以其一人之所独乐，不能胜天下之所同安，是以有善恶之辨也。”（《东坡全集》卷四十七）苏、王二子，盖知性之不能赋以善恶之名，故遁而为此超绝的一元论也。

综观以上之人性论，除董仲舒外，皆就性论性，而不涉于形而上学之问题。至宋代哲学兴（苏、王二氏，虽宋人，然于周、张之思想全不相涉），而各由其形而上学以建设人性论。周子之语，最为广漠。且《太极图说》曰：“无极而太极。太极动而生阳，动极而静，静则生阴，静极复动。一动一静，互为其根，分阴分阳，两仪立焉。阳变阴合，而生水火木金土；五气顺布，四时行焉。”“无极之真，二五之精，妙合而凝，乾道成男，坤道成女。二气交感，化生万物，万物生生，而变化无穷焉。唯人也，得其秀而最灵。形既生矣，神发知矣。五性感动，而善恶分，万物出矣。”又曰：“诚无为，几善恶。”（《通书·诚几德》章）几者动之微，诚者即前所谓太极也。太极动而后有阴阳，人性动而后有善恶。当其未动时，初无善恶之可言。所谓秀而最灵者，以才言之，而非以善恶言之也。此实超绝的一元论，与苏氏所谓“善恶者，性之所能之，而非性所能有者”无异。然周子又谓：“诚者，圣人之本，纯粹至善者也。”（《通书·诚上》）然人之本体既善，则其动也，何以有善恶之区别乎？周子未尝说明之。故其性善之论，实由其乐天之性质与尊崇道德之念出，而非有名学上必然之根据也。

横渠张子，亦由其形而上学而演绎人性论。其言曰：“太虚无形，气之本体，其聚其散，变化之客形尔。至静无感，性之渊源，有识有知，物交之客感尔。”（《正蒙·太和篇》）即谓人之性与太虚同体，善恶之名无自而加之。此张子之本意也。又曰：“气本之虚，则湛而无形；感而生，则聚而有象。有象斯有对，对必反其为；有反斯有仇，仇必和而解。”（同，《太和篇》）此即海额尔（今译黑格尔）之辨证法所谓“由正生反，由反生合”者也。“象”者，海氏之所谓“正”，“对”者，“反”也，和解者，正反之合也。故曰：“太虚为清，清则无碍。无碍故神，反清为浊，浊则碍，碍则形。”（同，《太和篇》）“形而后有气质之善性，反之，则天地之性存焉。故气质之性，君子有所不性焉。”（同，《诚明篇》）又曰：“湛一，气之本，攻取，气之欲。”（同上）由是观之，彼于形而上学，立太虚之一元，而于其发现也，分为形、神之二元。善出于神，恶出于形，而形又出于神、合于神，故二者之中，神其本体，而形其客形也。故曰：“一物两：体、气也。一故神，两故化。”（同，《参两篇》）然形既从神出，则气质之性，何以与天地之性相反欤？又气质之性，何以不得谓之性欤？此又张子所不能说明也。

至明道《程子之说》曰：“‘生生之谓易’，此天之所以为道也。天只是以生为道，继此生理者，只是善，便有一个元的意思。‘元者善之长’，万物皆有春意便是。‘继之者善也’，‘成之者性也’。却待他万物自成其性须得。”（《二程全书》卷二）又曰：“论性不论气不备，论气不论性不明，二之则不是。”（同上）由是观之，明道之所谓“性”。兼“气”而言之。其所谓“善”，乃生生之意，即广义之善，而非孟子所谓“性善”之“善”也。故曰：“生之谓性，性即气，气即性，生之谓也。人生气禀，理有善恶，然不是性中元有此两物相对而生。有自幼而恶，有自幼而善，气禀有然也。善固性也，然恶亦不可不谓之性。盖生之谓性，‘人生而静’，以上不容说。才说性时，便已不是性也。”（《二程全书》卷二）按明道于此，语意未明。盖既以生为性，而性中非有善恶二者相对，则当云“善固出于性也，而恶亦不可不谓之出于性”。又当云“‘人生而静’以上不容说善恶，才说善恶，便不是性”。然明道不敢反对孟子，故为此暧昧之语，然其真意，则正与告子同。然明道他日又混视广义之善与狭义之善，而反覆性善之说。故明道之性论，于宋儒中最为薄弱者也。

至伊川纠正明道之说，分性与气为二，而唱性善论曰：“性出于天，才出于气。气清则才清，气浊则才浊。才则有善有不善，性则无不善。”（《近思录·道体类》）又曰：“性无不善，而有善有不善者，才也。性即是理，理则自尧、舜至于途人，一也。才禀于气，气有清浊，禀其清者为贤，禀其浊者为愚。”（《二程全书》卷十九）盖欲主张性善之说，则气质之性之易趋于恶，此说之一大障碍也。于是非置气于性之外，则不能持其说。故伊川之说，离气而言性，则得持其性善之一元论。若置气于性中，则纯然空间的善恶二元论也。

朱子继伊川之说，而主张理气之二元论。其形而上学之见解曰："天地之间有理有气。理者，形而上之道也，生物之本也。气者，形而下之器也，生物之具也；是以人物之生，必禀此理，然后有性，必禀此气然后有形。"（《学的》上）又曰："天下未有无理之气，亦未有无气之理。"（《语类》一）而此理，伊川已言之曰："离阴阳则无道。阴阳，气也，形而下也。道，太虚也，形而上也。"（《性理会通》卷二十六）但于人性上伊川所目为气者，朱子直谓之性。即性之纯乎理者，谓之天地之性。其杂乎气者，谓之气质之性。而二者又非可离而为二也，故曰："性非气质，则无所寄。气非天性，则无所成。"（《语类》卷四）又曰："论天地之性，则专主理，论气质之性，则以理与气杂而言之。"（《学的》上）而性如水然，气则盛水之器也。故曰："水皆清也，以净器盛之则清，以不净器盛之则臭，以淤泥之器盛之则浊。"（《语类》卷四）故由朱子之说，理无不善，而气则有善有不善。故朱子之性论，与伊川同，不得不谓之二元论也。

朱子又自其理气二元论，而演绎其理欲二元论曰："有个天理，便有个人欲。盖缘这个天理，须有个安顿处。才安顿得不恰好，便有人欲出来。"（《性理会通》卷五十）象山陆子起而驳之曰："天理人欲之分，语极有病。自《礼记》有此言，而后人袭之。《记》曰：'人生而静，天之性也。感于物而动，性之欲也。'若是，则动亦是，静亦是，岂有天理物欲之分；动若不是，则静亦不是，岂有动静之间哉！"

（《全集》三十五）又驳人心道心之说曰："心，一也，安得有二心？"（《全集》三十四）此全立于告子之地位，而为超绝的一元论也。然此非象山之真意，象山固绝对的性善论者也。其告学者曰："汝耳自聪，目自明，事父自能孝，事兄自能弟。"（《全集》三十四）故曰："人生皆善，其不善者，迁于物也。"（同，三十二）然试问人之所以迁于物者如何，象山亦归之于气质。曰："气质偏弱，则耳目之官不思而蔽于物。物交物，则引之而已。"（同上）故陆子之意，与伊川同，别气于性，而以性为善。若合性与气而言之，则亦为二元论。阳明王子亦承象山之说而言性善，然以格去物欲为致良知之第一大事业。故古今之持性善论，而不蹈于孟子之矛盾者，殆未之有也。

呜呼！善恶之相对立，吾人经验上之事实也。自生民以来至于今，世界之事变，孰非此善恶二性之争斗乎？政治与道德，宗教与哲学，孰非由此而起乎？故世界之宗教，无不著二神教之色彩。野蛮之神，虽多至不可稽，然不外二种，即有爱而祀之者，有畏而祀之者，即善神与恶神是已。至文明国之宗教，于上帝之外，其不豫想恶魔者殆稀也。在印度之婆罗门教，则造世界之神谓之"梵天"（Brahma），维持世界者谓之"吠舍那"（Aishnu），而破坏之者谓之"湿婆"（Siva）。以为今日乃湿婆之治世，梵天与吠舍那之治世已过去矣。其后乃有三位一体之说，此则犹论理学之由二元论而变为超绝的一元论也。迤印度以西，则波斯之火教，立阿尔穆兹（Orrnuzd）与阿利曼（Ahriman）之二神。阿尔穆兹，善神也，光明之神也，平和之神也。阿利曼，则主恶与暗黑及争斗。犹太教之耶和华（Jehovah）与撒旦（Satan），实自此出者也。希腊神语中之亚波罗（Apolo）与地哇尼速斯（Dionysus）之关系，亦颇似之。嗣是以后，基督教之理知派，亦承此思想，谓世界万物之形式为神，而其物质则堕落之魔鬼也。暗黑且恶之魔鬼，与光明且善之神相对抗，而各欲加其势力于人，现在之世界，即神与魔鬼之战地也。夫所谓神者，非吾人善性之写象乎？所谓魔鬼者，非吾人恶性之小影乎？他如犹太基督二教之堕落之说，佛教及基督教之忏悔之说，皆示善恶二性之争斗。盖人性苟善，则堕落之说为妄，既恶矣，又安知堕落之为恶乎？善则无事于忏悔，恶而知所以忏悔，则其善端之存在，又不可诬也。夫岂独宗教而已，历史之所纪述，诗人之所悲歌，又孰非此善恶二性之争斗乎？但前者主纪外界之争，后者主述内界之争，过此以往，则吾不知其区别也。吾人之经验上善恶二性之相对立如此，故由经验以推论人性者，虽不知与性果有当与否，然尚不与经验相矛盾，故得而持其说也。超绝的一元论，亦务与经验上之事实相调和，故亦不见有显著之矛盾。至执性善性恶之一元论者，当其就性言性时，以性为吾人不可经验之一物故，故皆得而持其说。然欲以之说明经验，或应用于修身之事业，则矛盾即随之而起。余故表而出之，使后之学者勿徒为此无益之议论也。

释理

昔阮文达公作《塔性说》，谓“翻译者但用典中‘性’字以当佛经无得而称之物，而唐人更以经中‘性’字当之”。力言翻译者遇一新义为古语中所无者，必新造一字，而不得袭用似是而非之古语。是固然矣，然文义之变迁，岂独在输入外国新义之后哉！吾人对种种之事物，而发见其公共之处，遂抽象之而为一概念，又从而命之以名。用之既久，遂视此概念为一特别之事物，而忘其所从出。如“理”之概念，即其一也。吾国语中“理”字之意义之变化，与西洋“理”字之意义之变化，若出一辙。今略述之如左：

（一）理字之语源。《说文解字》第一篇：“理，治玉也，从玉，里声。”段氏玉裁注：“《战国策》：郑人谓玉之未理者为璞，是理为剖析也。”由此类推，而种种分析作用，皆得谓之曰理。郑玄《乐记》注：“理者，分也。”《中庸》所谓“文理密察”，即指此作用也。由此而分析作用之对象，即物之可分析而粲然有系统者，亦皆谓之理。《逸论语》曰：“孔子曰：美哉璠玙！远而望之，奂若也；近而视之，瑟若也。”“一则理胜，一则孚胜。”此从“理”之本义之动词，而变为名词者也。更推之而言他物，则曰“地理”（《易·系词传》），曰“腠理”（《韩非子》），曰“色理”，曰“蚕理”，曰“箴理”（《荀子》），就一切物而言之曰“条理”（《孟子》）。然则所谓“理”者，不过谓吾心分析之作用，及物之可分析者而已矣。

其在西洋各国语中，则英语之“Reason”，与我国今日“理”字之义大略相同，而与法国语之“Raison”，其语源同出于拉丁语之“Ratio”。此语又自动词“Retus”（思索之意）而变为名词者也。英语又谓推理之能力曰“Discourse”，同时又用为言语之义。此又与意大利语之“Discorso”同出于拉丁语之“Discursus”，与希腊语之“Logos”皆有言语及理性之两义者也。其在德意志语，则其表理性也曰“Vernunft”，此由“Vernehmen”之语出。此语非但听字之抽象名词，而实谓知言语所传之思想者也。由此观之，古代二大国语及近世三大国语，皆以思索（分合概念之力）之能力，及言语之能力，即他动物之所无而为人类之独有者，谓之曰：理性、Logos（希）、Ratio（拉）、Vernunft（德）、Raison（法）、Reason（英）。而从吾人理性之思索之径路，则下一判断，必不可无其理由。于是拉丁语之Ratio、法语之Raison、英语之Reason等，于理性外，又有理由之意义。至德语之Vernunft，则但指理性，而理由则别以“Grunde”之语表之。吾国之“理”字，其义则与前者为近，兼有理性与理由之二义，于是“理”之解释，不得不分为广义的及狭义的二种。

（二）“理”之广义的解释。“理”之广义的解释，即所谓“理由”是也。天下之物，绝无无理由而存在者。其存在也，必有所以存在之故，此即物之充足理由也。在知识界，则既有所与之前提，必有所与之结论随之。在自然界，则既有所与之原因，必有所与之结果随之。然吾人若就外界之认识，而皆以判断表之，则一切自然界中之原因，即知识上之前提，一切结果，即其结论也。若视知识为自然之一部，则前提与结论之关系，亦得视为因果律之一种。故欧洲上古及中世之哲学，皆不区别此二者，而视为一物。至近世之拉衣白尼志始分晰之，而总名之曰充足理由之原则，于其《单子论》之小诗中，括之为公式曰：“由此原则，则苟无必然，或不得不然之充足理由，则一切事实不能存在，而一切判断不能成立。”汗德亦从其说而立形式的原则与物质的原则之区别。前者之公式曰：“一切命题，必有其论据。”后者之公式曰：“一切事物，必有其原因。”其学派中之克珊范台尔更明言之曰：“知识上之理由（论据）必不可与事实上之理由（原因）相混。前者属名学，后者属形而上学，前者思想之根本原则，后者经验之根本原则也。原因对实物而言，论据则专就吾人之表象言也。”至叔本华而复就充足理由之原则，为深邃之研究，曰：“此原则就客观上言之，为世界普遍之法则；就主观上言之，乃吾人之知力普遍之形式也。”世界各事物，无不入此形式者，而此形式，可分为四种：一、名学上之形式。即从知识之根据之原则者，曰既有前提，必有结论。二、物理学上之形式。即从变化之根据之原则者，曰既有原因，必有结果。二、数学上之形式。此从实在之根据之原则者，曰一切关系，由几何学上之定理定之者，其计算之成绩不能有误。四、实践上之形式。曰动机既现，则人类及动物，不能不应其固有之气质，而为惟一之动作。此四者，总名之曰“充足理由之原则”。此四分法中，第四种得列诸第二种之形式之下，但前者就内界之经验言之，后者就外界之经验言之，此其所以异也。要知第一种之充足理由之原则，乃吾人理性之形式，第二种悟性之形式，第三种感性之形式也。此三种之公共之性质，在就一切事物而证明其所以然，及其不得不然。即吾人就所与之结局观之，必有其所以然之理由；就所与之理由观之，必有不得不然之结局。此世界中最普遍之法则也。而此原则所以为世界最普遍之法则者，则以其为吾人之知力之最普遍之形式故。陈北溪（淳）曰：“理有确然不易的意。”临川吴氏（澄）曰：“凡物必有所以然之故，亦必有所当然之则。所以然者理也，所当然者义也。”征之吾人日日之用语，所谓“万万无此理”，“理不应尔”者，皆指理由而言也。

（三）“理”之狭义的解释。“理”之广义的解释外，又有狭义的解释，即所谓“理性”是也。夫吾人之知识，分为二种：一、直观的知识；一、概念的知识也。直观的知识，自吾人之感性及悟性得之；而概念之知识，则理性之作用也。直观的知识，人与动物共之；概念之知识，则惟人类所独有。

古人所以称人类为理性的动物，或合理的动物者，为此故也。人之所以异于动物，而其势力与忧患且百倍之者，全由于此。动物生活于现在，人则亦生活于过去及未来。动物但求偿其一时之欲，人则为十年百年之计。动物之动作，由一时之感觉决定之，人之动作，则决之于抽象的概念。夫然，故彼之动作，从豫定之计画而不为外界所动，不为一时之利害所摇，彼张目敛手，而为死后之豫备，彼藏其心于不可测度之地，而持之以归于邱墓。且对种种之动机而选择之者，亦惟人为能。何则？吾人惟有概念的知识，故将有为也，将有行也，必先使一切远近之动机，表之以概念，而悉现于意识，然后吾人得递验其力之强弱，而择其强者而从之。动物则不然，彼等所能觉者，现在之印象耳。惟现在之苦痛之恐怖心，足以束缚其情欲，逮此恐怖心久而成为习惯，遂永远决定其行为，谓之曰“驯扰”。故感与觉，人与物之所同；思与知，则人之所独也。动物以振动表其感情及性质，人则以言语传其思想，或以言语掩盖之，故言语者，乃理性第一之产物，亦其必要之器官也。此希腊及意大利语中所以以一语表理性及言语者也。此人类特别之知力，通古今东西皆谓之曰“理性”，即指吾人自直观之观念中，造抽象之概念，及分合概念之作用。自希腊之柏拉图、雅里大德勒（今译亚里士多德），至近世之洛克、拉衣白尼志，皆同此意。其始混用之者，则汗德（今译康德）也。汗德以理性之批评，为其哲学上之最大事业，而其对理性之概念，则有甚暖昧者。彼首分理性为纯粹及实践二种，纯粹理性，指知力之全体，殆与知性之意义无异。彼于《纯粹理性批评》之《绪论》中曰：“理性者，吾人知先天的原理的能力是也。”实践理性，则谓合理的意志之自律。自是“理性”二字，始有特别之意义，而其所谓纯粹理性中，又有狭义之理性。其下狭义理性之定义也，亦互相矛盾。彼于理性与悟性之别，实不能深知，故于《先天辨证论》中曰：“理性者，吾人推理之能力。”（《纯理批评》第五版三百八十六页）又曰：“单纯判断，则悟性之所为也。”（同，九十四页）叔本华于《汗德哲学之批评》中曰：“由汗德之意，谓若有一判断，而有经验的、先天的，或超名学的根据，则其判断乃悟性之所为；如其根据而为名学的，如名学上之推理式等，则理性之所为也。”此外尚有种种之定义，其义各不同，其对悟性也，亦然。要之，汗德以通常所谓理性者谓之悟性，而与理性以特别之意义，谓吾人于空间及时间中，结合感觉以成直观者，感性之事；而结合直观而为自然界之经验者，悟性之事；至结合经验之判断，以为形而上学之知识者，理性之事也。自此特别之解释，而汗德以后之哲学家，遂以理性为吾人超感觉之能力，而能直知本体之世界及其关系者也。特如希哀林（今译谢林）、海额尔（今译黑格尔）之徒，乘云驭风而组织理性之系统。然于吾人之知力中果有此能力否？本体之世界果能由此能力知之否？均非所问也。至叔本华出，始严立悟性与理性之区别。彼于《充足理由之论文》中，证明直观中已有悟性之作用存。

吾人有悟性之作用，斯有直观之世界，有理性之作用而始有概念之世界。故所谓理性者，不过制造概念及分合之之作用而已。由此作用，吾人之事业，已足以远胜于动物。至超感觉之能力，则吾人所未尝经验也。彼于其《意志及观念之世界》及《充足理由之论文》中辨之累千万言，然后“理性之概念”灿然复明于世。《孟子》曰：“心之所同然者何也？谓理也，义也。”程子曰：“性即理也。”其对理之概念，虽于名学的价值外更赋以伦理学的价值，然就其视理为心之作用时观之，固指理性而言者也。

（四）“理”之客观的假定。由上文观之，“理”之解释，有广狭二义。广义之理是为理由，狭义之理则理性也。充足理由之原则，为吾人知力之普遍之形式，理性则知力作用之一种。故二者皆主观的而非客观的也。然古代心理上之分析未明，往往视理为客观上之物，即以为离吾人之知力而独立，而有绝对的实在性者也。如希腊古代之额拉吉来图，谓天下之物，无不生灭变化，独生灭循环之法则，乃永远不变者。额氏谓之曰“天运”，曰“天秩”，又曰“天理”（Logos）。至斯多噶派，更绍述此思想，而以指宇宙之本体，谓生产宇宙及构造宇宙之神，即普遍之理也。一面生宇宙之实质，而一面赋以形式，故神者，自其有机的作用言之，则谓之创造及指导之理；自其对个物言之，则谓之统辖一切之命；自其以普遍决定特别言之，则谓之序；自其有必然性言之，则谓之运。近世希腊哲学史家灾尔列尔之言曰，由斯多噶派之意，则所谓天心、天理、天命、天运、天然、天则，皆一物也。故其所谓“理”，兼有理、法、命、运四义，与额拉吉来图同。但于开辟论之意义外，兼有实体论之意义，此其相异者也。希腊末期之斐洛，与近世之初之马尔白兰休，亦皆有此“理即神也”之思想。此理之自主观的意义，而变为客观的意义者也。更返而观吾中国之哲学，则理之有客观的意义，实自宋人始。《易·说卦传》曰：“将以顺性命之理。”固以“理”为性中之物。《孟子》亦既明言“理”为心之所同然矣。而程子则曰：“在物为理。”又曰：“万物各具一理，而万理同出一原。”此“原”之为心为物，程子不言，至朱子直言之曰：“盖人心之灵，莫不有知，而天下之物，莫不有理。惟于理有未穷，故其知有不尽。”至万物之有理，存于人心之有知，此种思想，固朱子所未尝梦见也。于是理之渊源，不得求诸外物，于是谓：“天地之间，有理有气。理也者，形而上之道也，生物之本也。气也者，形而下之器也，生物之具也。是以人物之生，必禀此理，然后有性；必禀此气，然后有形。”又曰：“天以阴阳五行化生万物，气以成形，而理亦附焉。”于是对周子之“太极”而与以内容曰：“‘太极’不过一个‘理’字。”万物之理，皆自此客观的大理出，故曰：“物物各具此理，而物物各异其用，然莫非理之流行也。”又《语类》云：“问天与命，性与理四者之别，天则就其自然者言之，命则就其流行而赋于物者言之，性则就其全体而万物所得以为生者言之，理则就其事事物物各有其则者言之。到得合而言之，则天即理也，命即性也，性即理也。是如此否？曰：‘然。’”故朱子之所谓“理”，与希腊斯多噶派之所谓“理”，皆预想一客观的理，存于生天、生地、生人之前，而吾心之理，不过其一部分而已。于是理之概念，自物理学上之意义出，至宋以后，而遂得形而上学之意义。

（五）“理”之主观的性质。如上所述，“理”者，主观上之物也。故对朱子之实在论，而有所谓观念论者起焉。夫孟子既以“理”为心之所同，然至王文成则明说之曰：“夫物理不外于吾心，外吾心而求物理，无物理矣。遗物理而求吾心，吾心又何物？”我国人之说“理”者，未有深切著明如此者也。其在西洋，则额拉吉来图及斯多噶派之理说，固为今日学者所不道。即充足理由原则之一种，即所谓因果律者，自雅里大德勒之范畴说以来，久视为客观上之原则。然希腊之怀疑派驳之于先，休蒙（今译休谟）论之于后，至汗德、叔本华，而因果律之有主观的性质，遂为不可动之定论。休蒙谓因果之关系，吾人不能直观之，又不能证明之者也。凡吾人之五官所得直观者，乃时间上之关系，即一事物之续他事物而起之事实是也。吾人解此连续之事物为因果之关系，此但存于吾人之思索中，而不存于事物。何则？吾人于原因之观念中，不能从名学上之法则而演绎结果之观念，又结果之观念中，亦不含原因之观念，故因果之关系，决非分析所能得也。其所以有因果之观念者，实由观念联合之法则而生，即由观念之互相连续者，屡反复于吾心，于是吾人始感其间有必然之关系，遂疑此关系亦存于客观上之外物。易言以明之，即自主观上之必然的关系，转而视为客观上之必然的关系，此因果之观念之所由起也。汗德力拒此说，而以因果律为悟性先天之范畴，而非得于观念联合之习惯。然谓宇宙不能赋吾心以法则，而吾心实与宇宙以法则，则其视此律为主观的而非客观的，实与休蒙同也。此说至叔本华而更精密证明之。叔氏谓吾人直观时，已有悟性（即自果推因之作用）之作用行乎其间。当一物之呈于吾前也，吾人所直接感之者，五官中之感觉耳。由此主观上之感觉，进而求其因于客观上之外物，于是感觉遂变而为直观，此因果律之最初之作用也。由此主观与客观间之因果之关系，而视客观上之外物，其间亦皆有因果之关系，此于先天中预定之者也。而此先天中之所预定，所以能于后天中证明之者，则以此因果律乃吾人悟性之形式，而物之现于后天中者，无不入此形式故。其《充足理由论文》之所陈述，实较之汗德之说更为精密完备也。夫以充足理由原则中之因果律，即事实上之理由，独全属吾人主观之作用，况知识上之理由，及吾人知力之一种之理性乎。要之，以理为有形而上学之意义者，与《周易》及毕达哥拉斯派以数为有形而上学之意义同，自今日视之，不过一幻影而已矣。

由是观之，则所谓“理”者，不过“理性”“理由”二义，而二者皆主观上之物也。然则古今东西之言“理”者，何以附以客观的意义乎？曰：此亦有所自。盖人类以有概念之知识故，有动物所不能者之利益，而亦陷于动物不能陷之误谬。夫动物所知者，个物耳。就个物之观念，但有全偏明昧之别，而无正误之别。人则以有概念，故，从此犬彼马之个物之观念中，抽象之而得“犬”与“马”之观念；更从犬、马、牛、羊及一切跂行喙息之观念中，抽象之而得“动物”之观念；更合之植物、矿物而得“物”之观念。夫所谓“物”，皆有形质可衡量者也。而此外尚有不可衡量之精神作用，而人之抽象力进而不已，必求一语以赅括之，无以名之，强名之曰“有”。然离心与物之外，非别有所谓“有”也。离动、植、矿物以外，非别有所谓“物”也。离犬、马、牛、羊及一切跂行喙息之属外，非别有所谓“动物”也。离此犬彼马之外，非别有所谓“犬”与“马”也。所谓“马”者，非此马即彼马，非白马，即黄马、骊马，如谓个物之外，别有所谓“马”者，非此非彼非黄非骊非他色，而但有马之公共之性质，此亦三尺童子之所不能信也。故所谓“马”者，非实物也，概念而已矣。而概念之不甚普遍者，其离实物也不远，故其生误解也不多。至最普遍之概念，其初固亦自实物抽象而得，逮用之既久，遂忘其所自出，而视为表特别之一物，如上所述“有”之概念是也。夫离心物二界，别无所谓“有”，然古今东西之哲学，往往以“有”为有一种之实在性。在我中国，则谓之曰“太极”，曰“玄”，曰“道”，在西洋则谓之曰“神”。及传衍愈久，遂以为一自证之事实，而若无待根究者，此正柏庚（今译培根）所谓“种落之偶像”，汗德所谓“先天之幻影”。人而不求真理则已，人而唯真理之是求，则此等谬误，不可不深察而明辨之也。“理”之概念，亦岂异于此。其在中国语中，初不过自物之可分析而有系统者，抽象而得此概念，辗转相借，而遂成朱子之理，即太极说。其在西洋，本固有理由及理性之二义，辗转相借，而前者生斯多噶派之宇宙大理说，后者生汗德以降之超感的理性说，所谓由灯而之檠，由烛而之钥，其去理之本义，固已远矣。此无他，以理之一语为不能直观之概念，故种种误谬，得附此而生也。而所谓“太极”，所谓“宇宙大理”，所谓“超感的理性”，不能别作一字，而必借“理”字以表之者，则又足以证此等观念之不存于直观之世界，而惟寄生于广漠暗昧之概念中。易言以明之，不过一幻影而已矣。故为之考其语源，并其变迁之迹，且辨其性质之为主观的而非客观的，世之好学深思之君子，其亦有取于此欤？

由上文观之，则“理”之意义，以理由而言，为吾人知识之普遍之形式；以理性而言，则为吾人构造概念及定概念间之关系之作用，而知力之一种也。故“理”之为物，但有主观的意义，而无客观的意义。易言以明之，即但有心理学上之意义，而无形而上学上之意义也。然以理性之作用，为吾人知力作用中之最高者，又为动物之所无，而人之所独有。于是但有心理学上之意义者，于前所述形而上学之意义外，又有伦理学上之意义。此又中外伦理学之所同，而不可不深察而明辨之者也。

“理”之有伦理学上之意义，自《乐记》始。《记》曰：“人生而静，天之性也。感于物而动，性之欲也。物至知知，然后好恶形焉。好恶无节于内，知诱于外，不能反躬，天理灭矣。夫物之感人无穷，而人之好恶无节，则是物至而人化物也。人化物也者，灭天理而穷人欲者也。”此天理对人欲而言，确有伦理上之意义。然则所谓“天理”果何物欤？案《乐记》之意，与《孟子》小体大体之说极相似。今援《孟子》之说以解之曰：“耳目之官不思，而蔽于物，物交物，则引之而已矣。心之官则思，思则得之，不思则不得也。此天之所以与我者，先立乎其大者，则其小者不能夺也。”由此观之，人所以引于物者，乃由不思之故。而思（定概念之关系）者，正理性之作用也。然则《乐记》之所谓“天理”，固指理性言之，然理性者，知力之一种。故理性之作用，但关于真伪，而不关于善恶。然在古代，真与善之二概念之不相区别，故无足怪也。至宋以降，而理欲二者，遂为伦理学上反对之二大概念。程子曰：“人心莫不有知，蔽于人欲，则亡天理矣。”上蔡谢氏曰：“天理与人欲相对，有一分人欲，即灭却一分天理，存一分天理，即胜得一分人欲。”于是“理”之一字。于形而上学之价值（实在）外，兼有伦理学上之价值（善）。其间惟朱子与国朝婺源戴氏之说，颇有可味者。朱子曰：“有个天理，便有个人欲。盖缘这个天理，须有个安顿处，才安顿得不恰好，便有人欲出来。”又曰：“天理人欲，分数有多少。天理本多，人欲也便是天理里面做出来。虽是人欲，人欲中自有天理。”戴东原氏之意与朱子同，而颠倒其次序而言之曰：“理也者，情之不爽失也。”又曰：“天理云者，言乎自然之分理也。自然之分理，以我之情，絜人之情，而无不得其平是也。”朱子所谓“安顿得好”，与戴氏所谓“絜人之情而无不得其平”者，则其视理也，殆以“义”字、“正”字、“恕”字解之。于是“理”之一语，又有伦理学上之价值。其所异者，惟朱子以理为人所本有，而安顿之不恰好者，则谓之欲；戴氏以欲为人所本有，而安顿之使无爽失者理也。

其在西洋之伦理学中亦然。柏拉图分人性为三品：一曰嗜欲，二曰血气，三曰理性。而以节制嗜欲与血气，而成克己与勇毅二德为理性之任。谓理性者，知识与道德所税驾之地也。厥后斯多噶派亦以人性有理性及感性之二原质，而德之为物，只在依理而克欲。故理性之语，亦大染伦理学之色彩。至近世汗德而遂有实践理性之说，叔本华于其《汗德哲学批评》中，极论之曰：“汗德以爱建筑上之配偶，故其说纯粹理性也，必求其匹偶。”而说实践理性，而雅里大德勒之“Nous praktikos”与烦琐哲学之“Intellectus practicus”（皆实践知力之义）二语，已为此语之先导，然其意与二者大异。彼以理性为人类动作之伦理的价值之所由生，谓一切人之德性，及高尚神圣之行，皆由此出，而无待于其他。故由彼之意，则合理之动作，与高尚神圣之动作为一，而私利惨酷卑陋之动作，但不合理之动作而已。然不问时之古今、地之东西，一切国语皆区别此二语（理性与德性）。即在今日，除少数之德意志学者社会外，全世界之人，犹执此区别。夫欧洲全土所视为一切德性之模范者，非基督教之开祖之生活乎？如谓彼之生活为人类最合理之生活，彼之教训示人以合理的生活之道，则人未有不议其大不敬者也。今有人焉，从基督之教训，而不计自己之生活，举其所有以拯无告之穷民，而不求其报，如此者，人固无不引而重之，然孰敢谓其行为为合理的乎？或如阿诺尔特以无上之勇，亲受敌人之刃，以图其国民之胜利者，孰得谓之合理的行为乎？又自他方面观之，今有一人焉，自幼时以来，深思远虑，求财产与名誉，以保其一身及妻子之福祉。彼舍目前之快乐，而忍社会之耻辱，不寄其心于美学及哲学等无用之事业，不费其日于不急之旅行，而以精确之方法，实现其身世之目的，彼之生涯，虽无害于世，然终其身无一可褒之点。然孰不谓此种俗子，有非常之推理力乎？又设有一恶人焉，以卑劣之策猎取富贵，甚或盗国家而有之，然后以种种诡计，蚕食其邻国，而为世界之主。彼其为此也，坚忍果戾而不夺于正义及仁爱之念，有妨彼之计画者，翦之、除之、屠之、刈之，而无所顾，驱亿万之民于刀锯缧绁而无所悯，然且厚酬其党类及助己者而无所吝，以达其最大之目的。孰不谓彼之举动，全由理性出者乎？当其设此计画也，必须有最大之悟性，然执行此计画，必由理性之力。此所谓实践理性者非欤？将谨慎与精密，深虑与先见，马启万里所以描写君主者，果不合理的欤？夫人知其不然也，要知大恶之所由成，不由于其乏理性，而反由与理性同盟之故。故汗德以前之作者，皆以良心为伦理的冲动之源，以与理性相对立。卢梭于其《哀美耳》中，既述二者之区别，即雅里大德勒亦谓德性之根源，不存于人性之合理的部分，而存于其非理的部分。基开碌所谓理性者，罪恶必要之手段，其意亦谓此也。何则？理性者，吾人构造概念之能力也。而概念者，乃一种普遍而不可直观之观念，而以言语为之记号，此所以使人异于禽犬，而使于圆球上占最优之位置者也。盖禽犬常为现在之奴隶，而人类则以有理性之故，能合人生及世界之过去未来而统计之，故能不役于现在，而作有计划有系统之事业，可以之为善，亦可以之为恶。而理性之关于行为者，谓之实践理性，故所谓实践理性者，实与拉丁语之“Prudentra”（谨慎小心）相似，而与伦理学上之善，无丝毫之关系者也。

吾国语中之“理”字，自宋以后，久有伦理学上之意义，故骤闻叔本华之说，固有未易首肯者。然“理”之为义，除理由、理性以外，更无他解。若以理由言，则伦理学之理由，所谓动机是也。一切行为，无不有一物焉为之机括，此机括或为具体的直观，或为抽象的概念，而其为此行为之理由，则一也。由动机之正否，而行为有善恶，故动机虚位也，非定名也。善亦一动机，恶亦一动机，理性亦然。理性者，推理之能力也。为善由理性，为恶亦由理性，则理性之但为行为之形式，而不足为行为之标准，昭昭然矣。惟理性之能力，为动物之所无，而人类之所独有，故世人遂以形而上学之所谓真，与伦理学之所谓善，尽归诸理之属性。不知理性者，不过吾人知力之作用，以造概念，以定概念之关系，除为行为之手段外，毫无关于伦理上之价值。其所以有此误解者，由“理”之一字，乃一普遍之概念故。此又前篇之所极论，而无待赘述者也。

原命

我国哲学上之议论，集于“性”与“理”二字，次之者“命”也。“命”有二义：通常之所谓“命”，《论语》所谓“死生有命”是也；哲学上之所谓“命”，《中庸》所谓“天命之谓性”是也。命之有二义，其来已古，西洋哲学上亦有此二问题。其言祸福寿夭之有命者，谓之定命论（Fatalism）；其言善恶贤不肖之有命，而一切动作皆由前定者，谓之定业论（Determinism）。而定业论与意志自由论之争，尤为西洋哲学上重大之事实，延至今日，而尚未得最终之解决。我国之哲学家除墨子外，皆定命论者也。然遽谓之定业论者，则甚不然。古代之哲学家中，今举孟子以代表之。孟子之为持定命论者，而兼亦持意志自由论，得由下二章窥之。其曰：

求则得之，舍则失之，是求有益于得也，求在我者也。求之有道，得之有命，是求无益于得也，求在外者也。

又曰：

> 口之于味也，目之于色也，耳之于声也，鼻之于臭也，四肢之于安佚也，性也，有命焉，君子弗谓性也。仁之于父子也，义之于君臣也，礼之于宾主也，智之于贤者也，圣人之于天道也，命也，有性焉，君子弗谓命也。

前章之所谓“命”，即“死生有命”之“命”，后章之“命”，与“天命之谓性”之“命”略同，而专指气质之清浊而言之。其曰“命也，有性焉，君子不谓命也”，则孟子之非定业论者，昭昭然矣。至宋儒亦继承此思想，今举张横渠之言以代表之。张子曰：

> 形而后有气质之性，善反之，则天地之性存焉。故气质之性，君子有弗性焉。（《正蒙·诚明篇》）

通观我国哲学上，实无一人持定业论者，故其昌言意志自由论者，亦不数数觏也。然我国伦理学无不预想此论者，此论之果确实与否，正吾人今日所欲研究者也。

我国之言命者，不外定命论与非定命论二种。二者于哲学上非有重大之兴味，故可不论。又我国哲学上无持定业论者，其他经典中所谓命，又与性字、与理字之义相近。朱子所谓：“天则就其自然者言之，命则就其流行而赋于物者言之，性则就其全体而万物所得以为生者言之，理则就其事事物物各有其则者言之。到得合而言之，则天即理也，命即性也，性即理也。”而二者之说，已见于余之《释理》《论性》二篇，故亦可不论。今转而论西洋哲学上与此相似之问题，即定业论与自由意志论之争，及其解决之道，庶于吾国之性命论上，亦不无因之明晰云尔。

定业论者之说曰：吾人之行为，皆为动机所决定。虽吾人有时于二行为间，或二动机间，若能选择其一者，然就实际言之，不过动机之强者，制动机之弱者，而己之选择作用无与焉。故吾人行为之善恶，皆必然的。因之吾人品性之善恶，亦必然的，而非吾人自由所为也。意志自由论反是，谓吾人于二动机间，有自由之选择力，而为一事与否，一存于吾人之自由，故吾人对自己之行为及品性，不能不自负其责任。此二者之争，自希腊以来，永为哲学上之题目。汗德《纯理批评》之第三《安梯诺朱》中所示正理及反理之对立，实明示此争论者也。

此二论之争论而不决者，盖有由矣。盖从定业论之说，则吾人对自己之行为，无丝毫之责任，善人不足敬，而恶人有辞矣。从意志自由论之说，则最普遍最必然之因果律，为之破灭，此又爱真理者之所不任受也。于是汗德始起而综合此二说曰：“在现象之世界中，一切事物，必有他事物以为其原因，而此原因复有他原因以为之原因，如此递衍，以至于无穷，无往而不发见因果之关系。故吾人之经验的品性中，在在为因果律所决定，故必然而非自由也。此则定业论之说，真也。然现象之世界外，尚有本体之世界，故吾人经验的品性外，亦尚有睿智的品性，而空间时间及因果律，只能应用于现象之世界，本体之世界则立于此等知识之形式外。故吾人之睿智的品性，自由的非必然的也。此则意志自由论之说，亦真也。故同一事实，自现象之方面言之，则可谓之必然，而自本体之方面言之，则可谓之自由。而自由之结果，得现于现象之世界中，所谓无上命法是也。即吾人之处一事也，无论实际上能如此与否，必有当如此不当如彼之感，他人亦不问我能如此否。苟不如此，必加以呵责，使意志而不自由，则吾人不能感其当然，他人亦不能加以责备也。今有一妄言者于此，自其经验的品性言之，则其原因存于不良之教育，腐败之社会，或本有不德之性质，或缺羞恶之感情，又有妄言所得之利益之观念，为其目前之动机，以决定此行为。而吾人之研究妄言之原因也，亦得与研究自然中之结果之原因同。然吾人决不因其固有之性质故，决不因其现在之境遇故，亦决不因前此之生活状态故，而不加以责备，其视此等原因，若不存在者。然而以此行为为彼之所自造，何则？吾人之实践理性，实离一切经验的条件而独立，以于吾人之动作中生一新方向。故妄言之罪，自其经验的品性言之，虽为必然的，然睿智的品性，不能不负其责任也。”此汗德之调停说之大略也。

汗德于是下自由之定义。其消极之定义曰：“意志之离感性的冲动而独立。”其积极之定义则曰：“纯粹理性之能现于实践也。”然意志之离冲动而独立，与纯粹理性之现于实践，更无原因以决定之欤？汗德亦应之曰：“有理性之势力即是也。”故汗德以自由为因果之一种。但自由之因果，与自然之因果，其性质异耳。然既有原因以决定之矣，则虽欲谓之自由，不可得也。其所以谓之自由者，则以其原因在我，而不在外物，即在理性而不在外界之势力，故此又大不然者也。吾人所以从理性之命令，而离身体上之冲动而独立者，必有种种之原因。此原因不存于现在，必存于过去；不存于个人之精神，必存于民族之精神。而此等表面的自由，不过不可见之原因战胜可见之原因耳。其为原因所决定，仍与自然界之事变无以异也。

叔本华亦绍述汗德之说，而稍正其误，谓动机律之在人事界，与因果律之在自然界同。故意志之既入经验界，而现于个人之品性以后，则无往而不为动机所决定，惟意志之自己拒绝或自己主张，其结果虽现于经验上，然属意志之自由。然其谓意志之拒绝自己，本于物我一体之知识，则此知识，非即拒绝意志之动机乎？则自由二字，意志之本体，果有此性质否？吾不能知。然其在经验之世界中，不过一空虚之概念，终不能有实在之内容也。

然则吾人之行为，既为必然的而非自由的，则责任之观念，又何自起乎？曰：一切行为，必有外界及内界之原因。此原因不存于现在，必存于过去；不存于意识，必存于无意识。而此种原因，又必有其原因，而吾人对此等原因，但为其所决定，而不能加以选择。如汗德所引妄言之例，固半出于教育及社会之影响，而吾人之入如此之社会，受如此之教育，亦有他原因以决定之。而此等原因，往往为吾人所不及觉。现在之行为之不适于人生之目的也，一若当时全可以自由者，于是有责任及悔恨之感情起。而此等感情，以为心理上一种之势力故，故足为决定后日行为之原因。此责任之感情之实践上之价值也。故吾人责任之感情，仅足以影响后此之行为，而不足以推前此之行为之自由也。余以此二论之争，与命之问题相联络，故批评之于此，又使世人知责任之观念，自有实在上之价值，不必藉意志自由论为羽翼也。

第二章

以我观物，故物皆著我之色彩

哲学辨惑[1]

甚矣，名之不可以不正也！观去岁南皮尚书（按，张之洞）之陈学务折，及管学大臣张尚书（按，张百熙）之复奏折：一虞哲学之有流弊，一以名学易哲学，于是海内之士颇有以哲学为诟病者。夫哲学者，犹中国所谓理学云尔。艾儒略《西学（发）凡》有“费禄琐非亚”之语，而未译其义。“哲学”之语实自日本始。日本称自然科学曰“理学”，故不译“费禄琐非亚”曰理学，而译曰“哲学”。我国人士骇于其名，而不察其实，遂以哲学为诟病，则名之不正之过也。

今辨其惑如下：

哲学非有害之学

今之诟病哲学者，岂不曰自由平等民权之说由哲学出，今弃绝哲学，则此等邪说可以息乎？夫此等说之当否，姑置不论。夫哲学中亦非无如此之说，然此等思想于哲学中不占

[1] 本篇刊于1903年7月《教育世界》55号。

重要之位置。霍布士（按，1588—1679，英国哲学家）之绝对国权论，与福禄特尔（今译伏尔泰，1694—1778，法国哲学家）、卢骚（按，1712—1778，法国哲学家）之绝对民权论，皆为哲学说之一。今以福禄特尔、卢骚之故而废哲学，何不一思霍布士之说乎？且古之时有倡言民权者矣，孟子是也。今若举天下之言民权，而归罪于孟子，废孟子而不立诸学官，斯亦过矣！欲废哲学者何以异于是！且今之言自由平等、言革命者，果皆自哲学上之研究出欤？抑但习闻他人之说而称道之欤？夫周秦与宋代，中国哲学最盛之时也。而君主之威权不因之而稍替。明祖之兴，而李自成、洪秀全之乱，宁皆有哲学家说以鼓舞之欤？故不研究哲学则已，苟研究哲学则必博稽众说而唯真理之是从。其视今日浅薄之革命家，方鄙弃之不暇，而又奚惑焉！则竟以此归狱于哲学者，非也。且自由平等说非哲学之原理，乃法学、政治学之原理也。今不以此等说废法学、政治学，何独至于哲学而废之？此余所不解者一也。

哲学非无益之学

于是说者曰：哲学即令无害，决非有益，非叩虚课寂之谈，即鹜广志荒之论。此说不独我国为然，虽东西洋亦有之。夫彼所谓无益者，岂不以哲学之于人生日用之生活无关系乎？夫但就人生日用之生活言，则岂徒哲学为无益，物理学、化学、博物学，凡所谓纯粹科学，皆与吾人日用之生活无丝毫之关系。其有实用于人者，不过医、工、农等学而已。然人之所以为人者，岂徒饮食男女，芸芸以生，厌厌以死云尔哉！饮食男女，人与禽兽之所同，其所以异于禽兽者，则岂不以理性乎哉！宇宙之变化，人事之错综，日夜相迫于前，而要求吾人之解释，不得其解，则心不宁。叔本华（按，1788—1860，德国哲学家）谓人为形而上学之动物，洵不诬也。哲学实对此要求而与吾人以解释。夫有益于身者与有益于心者之孰轩孰轾，固未易论定者。巴尔善（今译泡尔生，1846—1909，德国哲学家）曰："人心一日存，则哲学一日不亡。"使说者而非人，则已；说者而为人，则已于冥冥之中，认哲学之必要，而犹必诋之为无用，此其不可解者二也。

中国现时研究哲学之必要

尤可异者，则我国上下，日日言教育，而不喜言哲学。夫既言教育，则不得不言教育学；教育学者实不过心理学、伦理学、美学之应用。心理学之为自然科学而与哲学分离，仅曩日之事耳；若伦理学与美学则尚俨然为哲学中之二大部。今夫人之心意，有知力，有意志，有感情。此三者之理想，曰真曰善曰美。哲学实综合此三者而论其原理者也。教育之宗旨亦不外造就真善美之人物，故谓教育学上之理想即哲学上之理想，无不可也。试读西洋之哲学史、教育学史，哲学者而非教育学者有之矣，未有教育学者而不通哲学者也。不通哲学而言教育，与不通物理化学而言工学，不通生理学解剖学而言医学，何以异？今日日言教育、言伦理，而独欲废哲学，此其不可解者三也。

哲学为中国固有之学

今之欲废哲学者，实坐不知哲学为中国固有之学故。今姑舍诸子不论，独就六经与宋儒之说言之。夫六经与宋儒之说，非著于功令而当时所奉为正学者乎？周子“太极”之说，张子“正蒙”之论，邵子之《皇极经世》，皆深入哲学之问题。此岂独宋儒之说为然，六经亦有之。《易》之“太极”，《书》之“降衷”，《礼》之“中庸”，自说者言之，谓之非虚非寂，得乎？今欲废哲学，则六经及宋学皆在所当废，此其所不解者四也。

研究西洋哲学之必要

于是说者曰：哲学既为中国所固有，则研究中国之哲学足矣，奚以西洋哲学为？此又不然。余非谓西洋哲学之必胜于中国，然吾国古书大率繁散而无纪，残缺而不完，虽有真理，不易寻绎，以视西洋哲学之系统灿然，步伐严整者，其形式上之孰优孰劣，固自不可掩也。且今之言教育学者，将用《论语》《学记》作课本乎？抑将博采西洋之教育学以充之也？于教育学然，于哲学何独不然？且欲通中国哲学，又非通西洋之哲学不易明也。近世中国哲学之不振，其原因虽繁，然古书之难解，未始非其一端也。苟通西洋之哲学以治吾中国之哲学，则其所得当不止此。异日昌大吾国固有之哲学者，必在深通西洋哲学之人，无疑也。今欲治中国哲学，而废西洋哲学，其不可解者五也。

余非欲使人人为哲学家，又非欲使人人研究哲学，但专门教育中，哲学一科必与诸学科并立，而欲养成教育家，则此科尤为要。吾国人士所以诟病哲学者，实坐不知哲学之性质之故，苟易其名曰“理学”，则庶可以息此争论哉！庶可以息此争论哉！

论哲学家与美术家之天职

天下有最神圣、最尊贵而无与于当世之用者，哲学与美术是已。天下之人嚣然谓之曰无用，无损于哲学、美术之价值也。至为此学者自忘其神圣之位置，而求以合当世之用，于是二者之价值失。夫哲学与美术之所志者，真理也。真理者，天下万世之真理，而非一时之真理也。其有发明此真理（哲学家），或以记号表之（美术）者，天下万世之功绩，而非一时之功绩也。唯其为天下万世之真理，故不能尽与一时一国之利益合，且有时不能相容，此即其神圣之所存也。且夫世之所谓有用者，孰有过于政治家及实业家者乎？世人喜言功用，吾姑以其功用言之。夫人之所以异于禽兽者，岂不以其有纯粹之知识与微妙之感情哉。至于生活之欲，人与禽兽无以或异。后者政治家及实业家之所供给，前者之慰藉满足，非求诸哲学及美术不可。就其所贡献于人之事业言之，其性质之贵贱，固以殊矣。至就其功效之所及言之，则哲学家与美术家之事业，虽千载以下，四海以外，苟其所发明之真理，与其所表之之记号之尚存，则人类之知识感情由此而得其满足慰藉者，曾无以异于昔。而政治家及实业家之事业，其及于五世十世者希矣。此又久暂之别也。然则人而无所贡献于哲学、美术，斯亦已耳，苟为真正之哲学家、美术家，又何慊乎政治家哉。

披我中国之哲学史，凡哲学家无不欲兼为政治家者，斯可异已！孔子，大政治家也，墨子，大政治家也，孟、荀二子，皆抱政治上之大志者也。汉之贾、董，宋之张、程、朱、陆，明之罗、王无不然。岂独哲学家而已，诗人亦然。“自谓颇腾达，立登要路津。致君尧舜上，再使风俗淳。”非杜子美之抱负乎？“胡不上书自荐达，坐令四海如虞唐。”非韩退之之忠告乎？“寂寞已甘千古笑，驰驱犹望两河平。”非陆务观之悲愤乎？如此者，世谓之大诗人矣！至诗人之无此抱负者，与夫小说、戏曲、图画、音乐诸家，皆以侏儒倡优自处，世亦以侏儒倡优畜之。所谓“诗外尚有事在”“一命为文人，便无足观”，我国人之金科玉律也。呜呼！美术之无独立之价值也久矣。此无怪历代诗人，多托于忠君爱国、劝善惩恶之意，以自解免，而纯粹美术上之著述，往往受世之迫害，而无人为之昭雪者也。此亦我国哲学美术不发达之一原因也。

夫然，故我国无纯粹之哲学，其最完备者，唯道德哲学，与政治哲学耳。至于周、秦、两宋间之形而上学，不过欲固道德哲学之根柢，其对形而上学非有固有之兴味也。其于形而上学且然，况乎美学、名学、知识论等冷淡不急之问题哉！更转而观诗歌之方面，则咏史、怀古、感事、赠人之题目，弥满充塞于诗界，而抒情叙事之作，什佰不能得一。其有美术上之价值者，仅其写自然之美之一方面耳。甚至戏曲、小说之纯文学，亦往往以惩劝为旨，其有纯粹美术上之目的者，世非惟不知贵，且加贬焉。于哲学则如彼，于美术则如此，岂独世人不具眼之罪哉，抑亦哲学家、美术家自忘其神圣之位置与独立之价值，而葸然以听命于众故也。

至我国哲学家及诗人所以多政治上之抱负者，抑又有说。夫势力之欲，人之所生而即具者，圣贤豪杰之所不能免也。而知力愈优者，其势力之欲也愈盛。人之对哲学及美术而有兴味者，必其知力之优者也，故其势力之欲亦准之。今纯粹之哲学与纯粹之美术，既不能得势力于我国之思想界矣，则彼等势力之欲，不于政治，将于何求其满足之地乎？且政治上之势力，有形的也，及身的也；而哲学美术上之势力，无形的也，身后的也。故非旷世之豪杰，鲜有不为一时之势力所诱惑者矣。虽然，无亦其对哲学、美术之趣味有未深，而于其价值有未自觉者乎？今夫人积年月之研究，而一旦豁然悟宇宙人生之真理，或以胸中惝恍不可捉摸之意境一旦表诸文字、绘画、雕刻之上，此固彼天赋之能力之发展，而此时之快乐，决非南面王之所能易者也。且此宇宙人生而尚如故，则其所发明所表示之宇宙人生之真理之势力与价值，必仍如故。之二者，所以酬哲学家、美术家者，固已多矣。若夫忘哲学、美术之神圣，而以为道德、政治之手段者，正使其著作无价值者也。愿今后之哲学、美术家，毋忘其天职，而失其独立之位置，则幸矣！

叔本华与尼采

十九世纪中，德意志之哲学界有二大伟人焉：曰叔本华（Schopenhauer），曰尼采（Nietzsche）。二人者，以旷世之文才，鼓吹其学说也同；其说之风靡一世，而毁誉各半也同；就其学说言之，则其以意志为人性之根本也同。然一则以意志之灭绝，为其伦理学上之理想，一则反是；一则由意志同一之假说，而唱绝对之博爱主义，一则唱绝对之个人主义。夫尼采之学说，本自叔本华出，曷为而其终乃反对若是？岂尼采之背师固若是其甚欤？抑叔本华之学说中，自有以启之者欤？自吾人观之，尼采之学说全本于叔氏。其第一期之说，即美术时代之说，其全负于叔氏，固可勿论。第二期之说，亦不过发挥叔氏之直观主义。其末期之说，虽若与叔氏相反对，然要之不外以叔氏之美学上之天才论，应用于伦理学而已。兹比较二人之说，好学之君子以览观焉。

叔本华由锐利之直观与深邃之研究，而证吾人之本质为意志，而其伦理学上之理想，则又在意志之寂灭。然意志之寂灭之可能与否，一不可解之疑问也。（其批评见《红楼梦评论》第四节）尼采亦以意志为人之本质，而独疑叔氏伦理学之寂灭说，谓欲寂灭此意志者，亦一意志也。于是由叔氏之伦理学出而趋于其反对之方向，又幸而于叔氏之伦理学上所不满足者，于其美学中发见可模仿之点，即其天才论与知力的贵族主义，实可为超人说之标本者也。要之，尼采之说乃彻头彻尾发展其美学上之见解，而应用之于伦理学，犹赫尔德曼之无意识哲学，发展其伦理学之见解者也。

叔氏谓吾人之知识，无不从充足理由之原则者，独美术之知识不然。其言曰：

> 一切科学，无不从充足理由原则之某形式者。科学之题目，但现象耳，现象之变化及关系耳。今有一物焉，超乎一切变化关系之外，而为现象之内容，无以名之，名之曰“实念”。问此实念之知识为何？曰：“美术是已。”夫美术者，实以静观中所得之实念，寓诸一物焉而再现之。由其所寓之物之区别，而或谓之雕刻，或谓之绘画，或谓之诗歌、音乐，然其惟一之渊源，则存于实念之知识，而又以传播此知识为其惟一之目的也。一切科学，皆从充足理由之形式。当其得一结论之理由也，此理由又不可无他物以为之理由，他理由亦然。譬诸混混长流，永无渟潴之日；譬诸旅行者，数周地球，而曾不得见天之有涯、地之有角。美术则不然，固无往而不得其息肩之所也。彼由理由结论之长流中，拾其静观之对象而使之孤立于吾前，而此特别之对象，其在科学中也，则藐然

> 全体之一部分耳。而在美术中，则遽而代表其物之种族之全体，空闲时间之形式对此而失其效，关系之法则至此而穷于用，故此时之对象，非个物而但其实念也。吾人于是得下美术之定义曰：美术者，离充足理由之原则，而观物之道也。此正与由此原则观物者相反对。后者如地平线，前者如垂直线；后者之延长虽无限，而前者得于某点割之；后者合理之方法也，惟应用于生活及科学；前者天才之方法也，惟应用于美术；后者雅里大德勒之方法，前者柏拉图之方法也，后者如终风暴雨，震撼万物，而无始终，无目的；前者如朝日漏于阴云之罅，金光直射，而不为风雨所摇；后者如瀑布之水，瞬息变易，而不舍昼夜，前者如涧畔之虹，立于豁韃澎湃之中，而不改其色彩。（英译《意志及观念之世界》第一百三十八页至一百四十页）

夫充足理由之原则，吾人知力最普遍之形式也。而天才之观美也，乃不沾沾于此。此说虽本于希尔列尔（Schilier）之游戏冲动说，然其为叔氏美学上重要之思想，无可疑也。尼采乃推之于实践上，而以道德律之于超人，与充足理由原则之于天才一也。由叔本华之说，则充足理由之原则非徒无益于天才，其所以为天才者，正在离之而观物耳。由尼采之说，则道德律非徒无益于超人，超道德而行动，超人之特质也。由叔本华之说，最大之知识，在超绝知识之法则。由尼采之说，最大之道德，在超绝道德之法则。天才存于知之无所限制，而超人存于意之无所限制。而限制吾人之知力者，充足理由之原则；限制吾人之意志者，道德律也。于是尼采由知之无限制说，转而唱意之无限制说。其《察拉图斯德拉》第一篇中之首章，述灵魂三变之说曰：

> 察拉图斯德拉说法于五色牛之村曰：吾为汝等说灵魂之三变，灵魂如何而变为骆驼，又由骆驼而变为狮，由狮而变为赤子乎。于此有重荷焉，强力之骆驼负之而趋，重之又重以至于无可增，彼固以此为荣且乐也。此重物何？此最重之物何？此非使彼卑弱而污其高严之衮冕者乎？此非使彼炫其愚而匿其知者乎？此非使彼拾知识之橡栗而冻饿以殉真理者乎？此非使彼离亲爱之慈母而与聋瞽为侣者乎？世有真理之水，使彼入水而友蛙龟者，非此乎？使彼爱敌与而狞恶之神握手者。非此乎？凡此数者，灵魂苟视其力之所能及，无不负也。如骆驼之行于沙漠，视其力之所能及，无不负也。既而风高日黯，沙飞石走，昔日柔顺之骆驼，变为猛恶之狮子，尽弃其荷，而自为沙漠主，索其敌之大龙而战之。于是昔日之主，今日之敌；昔日之神，今日之魔也。此龙何名？谓之“汝宜”。狮子何名？谓之“我欲”。邦人兄弟，汝等必为狮子，毋为骆驼，岂汝等任载之日尚短，而负担尚未重欤？汝等其破坏旧价值（道德）而创作新价值。

> 狮子乎？言乎破坏则足矣，言乎创作则未也。然使人有创作之自由者，非彼之力欤？汝等胡不为狮子？邦人兄弟，狮子之变为赤子也何故？狮子之所不能为，而赤子能之者何？赤子若狂也，若忘也，万事之源泉也，游戏之状态也，自转之轮也，第一之运动也，神圣之自尊也。邦人兄弟灵魂之为骆驼，骆驼之变而为狮，狮之变而为赤子，余既诏汝矣。（英译《察拉图斯德拉》二十五至二十八页）

其赤子之说，又使吾人回想叔本华之天才论曰：

> 天才者不失其赤子之心者也。盖人生至七年后，知识之机关即脑之质与量已达完全之域，而生殖之机关尚未发达，故赤子能感也，能思也，能教也。其爱知识也，较成人为深，而其受知识也，亦视成人为易。一言以蔽之曰：彼之知力盛于意志而已。即彼之知力之作用，远过于意志之所需要而已。故自某方面观之，凡赤子皆天才也。又凡天才自某点观之，皆赤子也。昔海尔台尔（Herder）谓格代（Goethe）曰："巨孩"。音乐大家穆差德（Mozart）亦终生不脱孩气，休利希台额路尔谓彼曰："彼于音乐，幼而惊其长老，然于一切他事，则壮而常有童心者也。"（英译《意志及观念之世界》第三册六十一页至六十三页）

至尼采之说超人与众生之别，君主道德与奴隶道德之别，读者未有不惊其与叔氏伦理学上之平等博爱主义相反对者。然叔氏于其伦理学及形而上学所视为同一意志之发现者，于知识论及美学上，则分之为种种之阶级，故古今之崇拜天才者，殆未有如叔氏之甚者也。彼于其大著述第一书之补遗中，说知力上之贵族主义曰：

知力之拙者，常也；其优者，变也；天才者，神之示现也。不然？则宁有以八百兆之人民，经六千年之岁月，而所待于后人之发明思索者，尚如斯其众耶！夫大智者，固天之所吝，天之所吝，人之幸也。何则？小智于极狭之范围内，测极简之关系，比大智之瞑想宇宙人生者，其事逸而且易。昆虫之在树也，其视盈尺以内，较吾人为精密，而不能见人于五步之外。故通常之知力，仅足以维持实际之生活耳。而对实际之生活，则通常之知力，固亦已胜任而愉快，若以天才处之，是犹用天文镜以观优，非徒无益，而又蔽之。故由知力上言之，人类真贵族的也，阶级的也。此知力之阶级，较贵贱贫富之阶级为尤著。其相似者，则民万而始有诸侯一。民兆而始有天子一，民京垓而始有天才一耳。故有天才者，往往不胜孤寂之感。白衣龙(Byron)于其《唐旦之预言诗》中咏之曰：

"To feel me in the solitude of kings

> Without the power that make them bear a crown."
>
> 子岑寂而无友兮，羌独处乎帝之庭。冠玉冕之崔巍兮，夫固跼蹐而不能胜。（略译其大旨）
>
> 此之谓也。（同前书第二册三百四十二页）

此知力的贵族与平民之区别外，更进而立大人与小人之区别曰：

> 一切俗子因其知力为意志所束缚，故但适于一身之目的。由此目的出，于是有俗滥之画，冷淡之诗，阿世媚俗之哲学。何则？彼等自己之价值，但存于其一身一家之福祉，而不存于真理故也。惟知力之最高者，其真正之价值，不存于实际，而存于理论，不存于主观，而存于客观，端端焉力索宇宙之真理而再现之。于是彼之价值，超乎个人之外，与人类自然之性质异。如彼者，果非自然的欤？宁超自然的也。而其人之所以大，亦即存乎此。故图画也，诗歌也，思索也，在彼则为目的，而在他人则为手段也。彼牺牲其一生之福祉，以殉其客观上之目的，虽欲少改焉而不能。何则？彼之真正之价值，实在此而不在彼故也。他人反是，故众人皆小，彼独大也。（前书第三册第一百四十九页至一百五十页）

叔氏之崇拜天才也如是，由是对一切非天才而加以种种之恶谥：曰俗子（Phmstine），曰庸夫（Populase），曰庶民（Mob），曰舆台（Rabble），曰合死者（Mortal）。尼采则更进而谓之曰众生（Herd），曰众庶（Far-too-many）。其所以异者，惟叔本华谓知力上之阶级惟由道德联结之，尼采则谓此阶级于知力道德皆绝对的，而不可调和者也。

叔氏以持知力的贵族主义，故于其伦理学上虽奖卑屈（Humility）之行，而于其美学上大非谦逊（Modesty）之德曰：

> 人之观物之浅深明暗之度不一，故诗人之阶级亦不一。当其描写所观也，人人殆自以为握灵蛇之珠，抱荆山之玉矣。何则？彼于大诗人之诗中，不见其所描写者或逾于自己。非大诗人之诗之果然也，彼之肉眼之所及，实止于此，故其观美术也，亦如其观自然，不能越此一步也。惟大诗人见他人之见解之肤浅，而此外尚多描写之余地，始知己能见人之所不能见，而言人之所不能言。故彼之著作不足以悦时人，只以自赏而已。若以谦逊为教，则将并其自赏者而亦夺之乎。然人之有功绩者，不能拚其自知之明。譬诸高八尺者暂而过市，则肩背昂然，齐于众人之首矣。千仞之山，自巅而视其麓也，与自麓而视其巅等。霍兰士（Horace）、鲁克来鸠斯（Lucletius）、屋维特（Ovid）及一切古代之诗人，其自述也，莫不有矜贵之色。唐旦（Dante）然也，狭斯丕尔（Shakespeare）然也，柏庚（Bacon）亦然也。故大人而不自见其大者。

殆未之有，惟细人者自顾其一生之空无所有，而聊托于谦逊以自慰，不然则彼惟有蹈海而死耳。某英人尝言曰："功绩（Merit）与谦逊（Modest）除二字之第一字母外，别无公共之点。"格代亦云："惟一无所长者乃谦逊耳。"特如以谦逊教人责人者，则格代之言，尤不我欺也。（同前书第三册二百零二页）

吾人且述尼采之《小人之德》一篇中之数节以比较之。其言曰：

察拉图斯德拉远游而归，至于国门，则眇焉若狗窦匍匐而后能入。既而览乎民居，粲焉若傀儡之箱，鳞次而栉比，叹曰："夫造物者，将以予为此拘拘也。吾知之矣，使彼等藐焉若此者，非所谓德性之教耶？彼等好谦逊，好节制，何则？彼等乐其平易故也。夫以平易而言，则诚无以逾乎谦逊之德者矣。彼等尝学步矣，然非能步也，蹢也。彼且蹢且顾，且顾且蹢，彼之足与目，不我欺也。彼等之小半能欲也，而其大半被欲也。其小半，本然之动作者也，其大半反是。彼等皆不随意之动作者也，与意识之动作者也，其能为自发之动作者希矣。其丈夫既藐焉若此，于是女子亦皆以男子自处。惟男子之得全其男子者，得使女子之位置复归于女子。其最不幸者，命令之君主，亦不得不从服役之奴隶之道德。"我役、汝役、彼役”，此道德之所命令者也。哀哉！乃使最高之君主，为最高之奴隶乎？哀哉！其仁愈大，其弱愈大；其义愈大，其弱愈大。此道德之根柢，可以一言蔽之曰：“毋害一人。”噫！道德乎？卑怯耳！然则彼等所视为道德者，即使彼等谦逊驯扰者也，是使狼为羊，使人为人之最驯之家畜者也。（《察拉图斯德拉》第二百四十八页至二百四十九页）

尼采之恶谦逊也亦若此，其应用叔氏美学之说于伦理学上昭然可见。夫叔氏由其形而上学之结论，而谓一切无生物生物，与吾人皆同一意志之发现。故其伦理学上之博爱主义，不推而放之于禽兽草木不止，然自知力上观之，不独禽兽与人异焉而已，即天才与众人间，男子与女子间，皆有斠然不可逾之界限。但其与尼采异者，一专以知力言，一推而论之于意志，然其为贵族主义则一也。又叔本华亦力攻基督教曰：“今日之基督教，非基督之本意，乃复活之犹太教耳。”其所以与尼采异者，一则攻击其乐天主义，一则并其厌世主义而亦攻之，然其为无神论则一也。叔本华说涅槃，尼采则说转灭。一则欲一灭而不复生，一则以灭为生超人之手段，其说之所归虽不同，然其欲破坏旧文化而创造新文化则一也。况其超人说之于天才说，又历历有模仿之迹乎。然则吾人之视尼采，与其视为叔氏之反对者，宁视为叔氏之后继者也。

又叔本华与尼采二人之相似，非独学说而已，古今哲学家性行之相似，亦无若彼二人者。巴尔善之《伦理学系统》，与文特尔朋《哲学史》中，其述二人学说与性行之关系，甚有兴味。兹援以比较之。巴尔善曰：

叔本华之学说，与其生活实无一调和之处。彼之学说，在脱屣世界与拒绝一切生活之意志，然其性行则不然。彼之生活，非婆罗门教、佛教之克己的，而宁伊壁鸠鲁之快乐的也。彼自离柏林后，权度一切之利害，而于法兰克福及曼亨姆之间定其隐居之地。彼虽于学说上深美悲悯之德，然彼自己则无之。古今之攻击学问上之敌者，殆未有酷于彼者也。虽彼之酷于攻击，或得以辩护真理自解乎。然何不观其对母与妹之关系也？彼之母妹，斩焉陷于破产之境遇，而彼独保其自己之财产。彼终其身，惴惴焉惟恐分有他人之损失，及他人之苦痛。要之，彼之性行之冷酷无可讳也，然则彼之人生观，果欺人之语欤？曰：“否。”彼虽不实践其理想上之生活，固深知此生活之价值者也。人性之二元中，理欲二者，为反对之两极，而二者以彼之一生为其激战之地。彼自其父遗传忧郁之性质，而其视物也，恒以小为大，以常为奇，方寸之心，充以弥天之欲，忧患、劳苦、损失、疾病迭起互伏，而为其恐怖之对象，其视天下人无一可信赖者。凡此数者，有一于此，固足以疲其生活而有余矣。此彼之生活之一方面也，其在他方面，则彼大知也，天才也，富于直观之力，而饶于知识之乐，视古之思想家，有过之无不及。当此时也，彼远离希望与恐怖，而追求其纯粹之思索，此彼之生活中最慰藉之顷也。逮其情欲再现，则畴昔之平和破，而其生活复以忧患恐惧充之。彼明知其失而无如之何，故彼每曰："知意志之过失，而不能改之，此可疑而不可疑之事实也。"故彼之伦理说，实可谓其罪恶之自白也。（巴尔善《伦理学系统》第三百十一页至三百十二页）

巴氏之说固自无误，然不悟其学说中于知力之元质外，尚有意志之元质（见下文）。然其叙述叔氏知意之反对甚为有味。吾人更述文特尔朋之论尼采者比较之曰：

彼之性质中争斗之二元质，尼采自谓之曰"地哇尼苏斯（Dionysus）"，曰"亚波罗（Apollo）"。前者主意论，后者主知论也。前者叔本华之意志。后者海额尔之理念也。彼之知力的修养与审美的创造力，皆达最高之程度，彼深观历史与人生，而以诗人之手腕再现之。然其性质之根柢，充以无疆之大欲，故科学与美术不足以拯之，其志则专制之君主也，其身则大学之教授也。于是彼之理想实往复于知力之快乐与意志之势力之间，彼俄焉委其一身于审美的直观与艺术的制作，俄焉而欲展其意志、展其本能、展其情绪，举昔之所珍赏者一朝而舍之。夫由其人格之高尚纯洁观之，则耳目之欲于彼固一无价值也。彼所求之快乐，非知识的，即势力的也。彼之一生疲于二者之争斗，迨其暮年，知识美术道德等一切，非个人及超个人之价值不足以厌彼，彼翻然而欲于实践之生活中，发展其个人之无限之势力。于是此战争之胜利者，非亚波罗而地哇尼苏斯也，非过去之传说而未来之希望也。一言以蔽之：非理性而意志也。（文特尔朋《哲学史》第六百七十九页）

由此观之，则二人之性行，何其相似之甚欤！其强于意志，相似也；其富知力，相似也；其喜自由，相似也。其所以不相似而相似，相似而又不相似者，何欤？

呜呼！天才者，天之所靳，而人之不幸也。蚩蚩之民，饥而食，渴而饮，老身长子，以遂其生活之欲，斯已耳。彼之苦痛，生活之苦痛而已；彼之快乐，生活之快乐而已。过此以往，虽有大疑大患，不足以撄其心。人之永保此蚩蚩之状态者，固其人之福祉，而天之所独厚者也。若夫天才，彼之所缺陷者与人同，而独能洞见其缺陷之处。彼与蚩蚩者俱生，而独疑其所以生。一言以蔽之：彼之生活也与人同，而其以生活为一问题也与人异；彼之生于世界也与人同，而其以世界为一问题也与人异。然使此等问题，彼自命之，而自解之，则亦何不幸之有。然彼亦一人耳，志驰乎六合之外，而身扃乎七尺之内，因果之法则与空间时间之形式束缚其知力于外，无限之动机与民族之道德压迫其意志于内，而彼之知力意志非犹夫人之知力意志也？彼知人之所不能知，而欲人之所不敢欲，然其被束缚压迫也与人同。夫天才之大小，与其知力意志之大小为比例，故苦痛之大小亦与天才之大小为比例。彼之痛苦既深，必求所以慰藉之道，而人世有限之快乐其不足慰藉彼也明矣。于是彼之慰藉，不得不反而求诸自己。其视自己也，如君王，如帝天；其视他人也，如蝼蚁，如粪土。彼故自然之子也，而常欲为其母，又自然之奴隶也，而常欲为其主。举自然所以束缚彼之知意者，毁之、裂之、焚之、弃之、草薙而兽狝之。彼非能行之也，姑妄言之而已；亦非欲言诸人也，聊以自娱而已。何则？以彼知意之如此而苦痛之如彼，其所以自慰藉之道，固不得不出于此也。

叔本华与尼采，所谓旷世之天才非欤？二人者，知力之伟大相似，意志之强烈相似。以极强烈之意志，而辅以极伟大之知力，其高掌远跖于精神界，固秦皇、汉武之所北面，而成吉思汗、拿破仑之所望而却走者也。九万里之地球与六千年之文化，举不足以厌其无疆之欲。其在叔本华，则幸而有汗德者为其陈胜、吴广，为其李密、窦建德，以先驱属路。于是于世界现象之方面，则穷汗德之知识论之结论，而曰："世界者，吾之观念也。"于本体之方面，则曰："世界万物，其本体皆与吾人之意志同，而吾人与世界万物，皆同一意志之发见也。"自他方面言之："世界万物之意志，皆吾之意志也。"于是我所有之世界，自现象之方面而扩于本体之方面，而世界之在我自知力之方面而扩于意志之方面。然彼犹以有今日之世界为不足，更进而求最完全之世界，故其说虽以灭绝意志为归，而于其大著第四篇之末，仍反覆灭不终灭，寂不终寂之说。彼之说“博爱”也，非爱世界也，爱其自己之世界而已。其说“灭绝”也，非真欲灭绝也，不满足于今日之世界而已。由彼之说，岂独如释迦所云：“天上地下，惟我独尊而已哉。”必谓：“天上地下，惟我独存而后快。”当是时，彼之自视，若担荷大地之阿德拉斯（Atlas）也，孕育宇宙之婆罗麦（Biahma）也。彼之形而上学之需要在此，终身之慰藉在此，故古今之主张意志者，殆未有过于叔氏者也，不过于其美学之天才论中，偶露其真面目之说耳。若夫尼采，以奉实证哲学，故不满于形而上学之空想。而其势力炎炎之欲，失之于彼岸者，欲恢复之于此岸；失之于精神者，欲恢复之于物质。于是叔本华之美学，占领其第一期之思想者，至其暮年，不识不知，而为其伦理学之模范。彼效叔本华之天才而说超人，效叔本华之放弃充足理由之原则而放弃道德，高视阔步而恣其意志之游戏。宇宙之内有知意之优于彼，或足以束缚彼之知意者，彼之所不喜也。故彼二人者，其执无神论同也，其唱意志自由论同也。譬之一树，叔本华之说，其根柢之盘错于地下，而尼采之说，则其枝叶之干青云而直上者也。尼采之说，如太华三峰，高与天际，而叔本华之说，则其山麓之花冈石也：其所趋虽殊，而性质则一。彼等所以为此说者，无他，亦聊以自慰而已。

要之，叔本华之自慰藉之道，不独存于其美学，而亦存于其形而上学。彼于此学中，发见其意志之无乎不在，而不惜以其七尺之我，殉其宇宙之我，故与古代之道德尚无矛盾之处。而其个人主义之失之于枝叶者，于根柢取偿之。何则？以世界之意志，皆彼之意志故也。若推意志同一之说，而谓世界之知力皆彼之知力，则反以俗人知力上之缺点加诸天才，则非彼之光荣，而宁彼之耻辱也，非彼之慰藉，而宁彼之苦痛也。其于知力上所以持贵族主义，而与其伦理学相矛盾者以此。《列子》曰：

> 周之尹氏大治产，其下趣役者侵晨昏而弗息。有老役夫筋力竭矣，而使之弥勤，昼则呻吟而即事，夜则昏惫而熟寐，昔昔梦为国君，居人民之上，总一国之事，游燕宫观，恣意所欲，觉则复役。（《周穆王》篇）

叔氏之天才之苦痛，其役夫之昼也；美学上之贵族主义，与形而上学之意志同一论，其国君之夜也。尼采则不然。彼有叔本华之天才，而无其形而上学之信仰，昼亦一役夫，夜亦一役夫，醒亦一役夫，梦亦一役夫，于是不得不弛其负担，而图一切价值之颠覆。举叔氏梦中所以自慰者，而欲于昼日实现之，此叔本华之说所以尚不反于普通之道德，而尼采则肆其叛逆而不惮者也。此无他，彼之自慰藉之道，固不得不出于此也。世人多以尼采暮年之说与叔本华相反对者，故特举其相似之点及其所以相似而不相似者如此。

叔本华之哲学及其教育学说

自十九世纪以降，教育学蔚然而成一科之学。溯其原始，则由德意志哲学之发达是已。当十八世纪之末叶，汗德始由其严肃论之伦理学而说教育学，然尚未有完全之系统。厥后海尔巴德始由自己之哲学，而组织完全之教育学。同时德国有名之哲学家，往往就教育学有所研究，而各由其哲学系统以创立自己之教育学。裴奈楷然也，海额尔派之左右翼亦然也。此外专门之教育学家，其窃取希哀林及休来哀尔、马黑尔之说以构其学说者亦不少，独无敢由叔本华之哲学，以组织教育学者。何则？彼非大学教授也，其生前之于学界之位置，与门弟子之数，决非两海氏之比。其性行之乖僻，使人人视之若蛇蝎，然彼终其身索居于法兰克福，非有一亲爱之朋友也，殊如其哲学之精神与时代之精神相反对，而与教育学之以增进现代之文明为宗旨者，俨然有持方柄入圆凿之势。然叔氏之学说，果与现代之文明不相并立欤？即令如是，而此外叔氏所贡献于教育学者，竟不足以成一家之说欤？抑真理之战胜必待于后世，而旷世之天才不容于同时，如叔本华自己之所说欤？至十九世纪之末，腓力特尼采始公一著述曰

《教育家之叔本华》。然尼采之学说，为世人所诟病，亦无以异于昔日之叔本华，故其说于普通之学界中，亦非有伟大之势力也。尼氏此书，余未得见，不揣不敏，试由叔氏之哲学说以推绎其教育上之意见。其条目之详细，或不如海、裴诸氏，至其立脚地之坚固确实，用语之精审明晰，自有哲学以来殆未有及叔氏者也。呜呼！《充足原理》之出版已九十有一年，《意志及观念之世界》之出版八十有七年，《伦理学之二大问题》之出版，亦六十有五年矣。而教育学上无奉叔氏之说者，海氏以降之逆理说，乃弥满充塞于教育界，譬之歌白尼既出，而犹奉多禄某之天文学，生达维之后，而犹言斯他尔之化学，不亦可哀也欤！夫哲学，教育学之母也。彼等之哲学，既鲜确实之基础，欲求其教育学之确实，又乌可得乎！兹略述叔氏之哲学说，与其说之及于教育学之影响，世之言教育学可以观焉。

哲学者，世界最古之学问之一，亦世界进步最迟之学问之一也。自希腊以来，至于汗德之生，二千余年，哲学上之进步几何？自汗德以降，至于今百有余年，哲学上之进步几何？其有绍述汗德之说，而正其误谬，以组织完全之哲学系统者，叔本华一人而已矣。而汗德之学说，仅破坏的，而非建设的。彼憬然于形而上学之不可能，而欲以知识论易形而上学，故其说仅可谓之哲学之批评，未可谓之真正之哲学也。叔氏始由汗德之知识论出而建设形而上学，复与美学伦理学以完全之系统，然则视叔氏为汗德之后继者，宁视汗德为叔氏之前驱者为妥也。兹举叔氏哲学之特质如下：

汗德以前之哲学家，除其最少数外，就知识之本质之问题，皆奉素朴实在论，即视外物为先知识而存在，而知识由经验外物而起者也。故于知识之本质之问题上，奉实在论者，于其渊源之问题上，不得不奉经验论，其有反对此说者，亦未有言之有故，持之成理者也。汗德独谓吾人知物时，必于空间及时间中，而由因果性（汗德举此等性，其数凡十二，叔本华仅取此性）整理之。然空间时间者，吾人感性之形式，而因果性者，吾人悟性之形式，此数者皆不待经验而存，而构成吾人之经验者也。故经验之世界，乃外物之入于吾人感性悟性之形式中者，与物之自身异。物之自身，虽可得而思之，终不可得而知之，故吾人所知者，唯现象而已。与休蒙之说，其差只在程度，而不在性质。即休蒙以因果性等出于经验，而非有普遍性及必然性，汗德以为本于先天，而具此二性，至于对物之自身，则皆不能赞一词。故如以休蒙为怀疑论者乎，则汗德之说，虽欲不谓之怀疑论不可得也。叔本华于知识论上奉汗德之说曰："世界者，吾人之观念也。"一切万物，皆由充足理由之原理决定之，而此原理，吾人知力之形式也。物之为吾人所知者，不得不入此形式，故吾人所知之物，决非物之自身，而但现象而已。易言以明之，吾人之观念而已。然则物之自身，吾人终不得而知之乎？叔氏曰："否。"他物则吾不可知，若我之为我，则为物之自身之一部，昭昭然矣。而我之为我，其现于直观中时，则块然空间及时间中之一物，与万物无异。然其现于反观时，则吾人谓之意志而不疑也。而吾人反观时，无知力之形式行乎其间，故反观时之我，我之自身也。然则我之自身，意志也。而意志与身体，吾人实视为一物，故身体者，可谓之意志之客观化，即意志之入于知力之形式中者也。吾人观我时，得由此二方面，而观物时，只由一方面，即唯由知力之形式中观之，故物之自身，遂不得而知。然由观我之例推之，则一切物之自身，皆意志也。叔本华由此以救汗德批评论之失，而再建形而上学。于是汗德矫休蒙之失，而谓经验的世界，有超绝的观念性与经验的实在性者，至叔本华而一转，即一切事物，由叔本华氏观之，实有经验的观念性而有超绝的实在性者也。故叔本华之知识论，自一方面观之，则为观念论，自他方面观之，则又为实在论。而彼之实在论，与昔之素朴实在论异，又昭然若揭矣。

古今之言形而上学及心理学者，皆偏重于知力之方面。以为世界及人之本体，知力也。自柏拉图以降，至于近世之拉衣白尼志，皆于形而上学中持此主知论。其间虽有若圣奥额斯汀谓一切物之倾向与吾人之意志同，有若汗德于其《实理批评》中说意志之价值，然尚未得为学界之定论。海尔巴德复由主知论以述系统之心理学，而由观念及各观念之关系以说明一切意识中之状态。

至叔本华出而唱主意论，彼既由吾人之自觉，而发见意志为吾人之本质，因之以推论世界万物之本质矣。至是复由经验上证明之，谓吾人苟旷观生物界与吾人精神发达之次序，则意志为精神中之第一原质，而知力为其第二原质，自不难知也。植物上逐日光，下趋土浆，此明明意志之作用，然其知识安在？下等动物之于饮食男女，好乐而恶苦也，与吾人同。此明明意志之作用，然其知识安在？即吾人之坠地也，初不见有知识之迹，然且呱呱而啼饥，瞿瞿而索母，意志之作用，早行乎其间。若就知力上言之，弥月而始能视，于是始见有悟性之作用；三岁而后能言，于是始见有理性之作用。知力之发达，后于意志也。如此就实际言之，则知识者，实生于意志之需要。一切生物，其阶级愈高，其需要愈增，而其所需要之物亦愈精，而愈不易得，而其知力亦不得不应之而愈发达。故知力者，意志之奴隶也。由意志生，而还为意志用者也。植物所需者，空气与水耳。之二者，无乎不在，得自来而自取之，故虽无知识可也。动物之食物，存乎植物及他动物；又各动物特别之嗜好，不得不由己力求之，于是悟性之作用生焉。至人类所需，则其分量愈多，其性质愈贵，其数愈杂。悟性之作用，不足应其需，始生理性之作用，于是知力与意志二者始相区别。至天才出，而知力遂不复为意志之奴隶，而为独立之作用。然人之知力之所由发达由于需要之增，与他动物固无以异也，则主知说之心理学，不足以持其说，不待论也。心理学然，形而上学亦然。而叔氏之他学说，虽不慊于今人，然于形而上学心理学，渐有趋于主意论之势，此则叔氏之大有造于斯二学者也。

于是叔氏更由形而上学进而说美学。夫吾人之本质，既为意志矣，而意志之所以为意志，有一大特质焉：曰生活之欲。何则？生活者非他，不过自吾人之知识中所观之意志也。吾人之本质，既为生活之欲矣。故保存生活之事，为人生之唯一大事业。且百年者，寿之大齐。过此以往，吾人所不能暨也。于是向之图个人之生活者，更进而图种姓之生活，一切事业，皆起于此。吾人之意志，志此而已；吾人之知识，知此而已。既志此矣，既知此矣，于是满足与空乏希望与恐怖，数者如环无端，而不知其所终；目之所观，耳之所闻，手足所触，心之所思，无往而不与吾人之利害相关，终身仆仆而不知所税驾者，天下皆是也。然则，此利害之念，竟无时或息欤？吾人于此桎梏之世界中，竟不获一时救济欤？曰：有。唯美之为物，不与吾人之利害相关系，而吾人观美时，亦不知有一己之利害。何则？美之对象，非特别之物，而此物之种类之形式，又观之之我，非特别之我，而纯粹无欲之我也。夫空间时间，既为吾人直观之形式；物之现于空间皆并立，现于时间者皆相续，故现于空间时间者，皆特别之物也。既视为特别之物矣，则此物与我利害之关系，欲其不生于心，不可得也。若不视此物为与我有利害之关系，而但观其物，则此物已非特别之物，而代表其物之全种。叔氏谓之曰“实念”。故美之知识，实念之知识也。而美之中，又有优美与壮美之别。今有一物，令人忘利害之关系，而玩之而不厌者，谓之曰优美之感情。若其物直接不利于吾人之意志，而意志为之破裂，唯由知识冥想其理念者，谓之曰壮美之感情。然此二者之感吾人也，因人而不同；其知力弥高，其感之也弥深。独天才者，由其知力之伟大，而全离意志之关系，故其观物也，视他人为深，而其创作之也，与自然为一。故美者，实可谓天才之特殊物也。若夫终身局于利害之桎梏中，而不知美之为何物者，则滔滔皆是。且美之对吾人也，仅一时之救济，而非永远之救济，此其伦理学上之拒绝意志之说，所以不得已也。

吾人于此，可进而窥叔氏之伦理学。从叔氏之形而上学，则人类于万物同一意志之发现也，其所以视吾人为一个人，而与他人物相区别者，实由知力之蔽。夫吾人之知力，既以空间时间为其形式矣，故凡现于知力中者，不得不复杂。既复杂矣，不得不分彼我。然就实际言之，实同一意志之客观化也。易言以明之，即意志之入于观念中者，而非意志之本质也。意志之本质，一而已矣，故空间时间二者，用婆罗门及佛教之语言之，则曰“摩耶之网”；用中世哲学之语言之，则曰“个物化之原理”也。自此原理，而人之视他人及物也，常若与我无毫发之关系。苟可以主张我生活之欲者，则虽牺牲他人之生活之欲以达之，而不之恤，斯之谓“过”。其甚者，无此利己之目的，而惟以他人之苦痛为自己之快乐，斯为之“恶”。若一旦超越此个物化之原理，而认人与己皆此同一之意志，知己所弗欲者，人亦弗欲之，各主张其生活之欲，而不相侵害，于是有正义之德。更进而以他人之快乐，为己之快乐，他人之苦痛，为己之苦痛，于是有博爱之德。于正义之德中，己之生活之欲已加以限制，至博爱，则其限制又加甚焉。故善恶之别，全视拒绝生活之欲之程度以为断：其但主张自己之生活之欲，而拒绝他人之生活之欲者，是为“过”与“恶”；主张自己，亦不拒绝他人者，谓之“正义”；稍拒绝自己之欲，以主张他人者，谓之“博爱”。然世界之根本，以存于生活之欲之故，故以苦痛与罪恶充之。而在主张生活之欲以上者，无往而非罪恶。故最高之善，存于灭绝自己生活之欲，且使一切生物皆灭绝此欲，而同入于涅槃之境。此叔氏伦理学上最高之理想也。此绝对的博爱主义与克己主义，虽若有严肃论之观，然其说之根柢，存于意志之同一之说，由是而以永远之正义，说明为恶之苦与为善之乐。故其说，自他方面言之，亦可谓立于快乐论及利己主义之上者也。

叔氏于其伦理学之他方面，更调和昔之自由意志论及定业论，谓意志自身，绝对的自由也。此自由之意志，苟一旦有所决而发见于人生及其动作也，则必为外物所决定，而毫末不能自由。即吾人有所与之品性，对所与之动机，必有所与之动作随之。若吾人对所与之动机，而欲不为之动乎？抑动矣，而欲自异于所与之动作乎？是犹却走而恶影，击鼓而欲其作金声也，必不可得之数也。盖动机律之决定吾人之动作也，与因果律之决定物理界之现象无异，此普遍之法则也，必然之秩序也。故同一之品性，对同一之动机，必不能不为同一之动作，故吾人之动作，不过品性与动机二者感应之结果而已。更自他方面观之，则同一之品性，对种种之动机，其动作虽殊，仍不能稍变其同一之方向，故德性之不可以言语教也与美术同。苟伦理学而可以养成有德之人物，然则大诗人及大美术家，亦可以美学养成之欤？有人于此，而有贪戾之品性乎？其为匹夫，则御人于国门之外可也。浸假而为君主，则掷千万人之膏血，以征服宇宙可也。浸假而受宗教之感化，则摩顶放踵，弃其生命国土，以求死后之快乐可也。此数者，其动作不同，而其品性则绝不稍异，此岂独他人不能变更之哉！即彼自己，亦有时痛心疾首而无可如何者也。故自由之意志，苟一度自决，而现于人生之品性以上，则其动作之必然，无可讳也。仁之不能化而为暴，暴之不能化而为仁，与鼓之不能作金声，钟之不能作石声无以异，然则吾人之品性遂不能变化乎？叔氏曰："否。"吾人之意志，苟欲此生活而现于品性以上，则其动作有绝对的必然性，然意志之欲此与否，或不欲此而欲彼，则有绝对的自由性者也。吾人苟有此品性，则其种种之动作，必与其品性相应，然此气质非他，吾人之所欲而自决定之者也，然欲之与否，则存于吾人之自由。于是吾人有变化品性之义务，虽变化品性者，古今曾无几人，然品性之所以能变化，即意志自由之征也。然此变化，仅限于超绝的品性，而不及于经验的品性。由此观之，叔氏于伦理学上持经验的定业论，与超绝的自由论，与其于知识论上持经验的观念论，与超绝的实在论无异，此亦自汗德之伦理学出，而又加以系统的说明者也。由是叔氏之批评善恶也，亦带形式论之性质，即谓品性苟善，则其动作之结果如何，不必问也。若有不善之品性，则其动作之结果，虽或有益无害，然于伦理学上，实非有丝毫之价值者也。

至叔氏哲学全体之特质，亦有可言者。其最重要者，叔氏之出发点在直观（即知觉），而不在概念是也。盖自中世以降之哲学，往往从最普遍之概念立论，不知概念之为物本由种种之直观抽象而得者。故其内容，不能有直观以外之物，而直观既为概念，以后亦稍变其形，而不能如直观自身之完全明晰。一切谬妄，皆生于此。而概念之愈普遍者，其离直观愈远，其生谬妄愈易。故吾人欲深知一概念，必实现之于直观，而以直观代表之而后可。若直观之知识，乃最确实之知识，而概念者，仅为知识之记忆传达之用，不能由此而得新知识。真正之新知识，必不可不由直观之知识，即经验之知识中得之。然古今之哲学家往往由概念立论，汗德且不免此，况他人乎！特如希哀林、海额尔之徒，专以概念为哲学上唯一之材料，而不复求之于直观，故其所说。非不庄严宏丽，然如蜃楼海市，非吾人所可驻足者也。叔氏谓彼等之哲学曰"言语之游戏"，宁为过欤？叔氏之哲学则不然，其形而上学之系统，实本于一生之直观所得者，其言语之明晰，与材料之丰富，皆存于此。且彼之美学、伦理学中，亦重直观的知识，而谓于此二学中，概念的知识无效也。故其言曰："哲学者，存于概念而非出于概念，即以其研究之成绩，载之于言语（概念之记号）中，而非由概念出发者也。"叔氏之哲学所以凌轹古今者，其渊源实存于此。彼以天才之眼，观宇宙人生之事实，而于婆罗门佛教之经典及柏拉图、汗德之哲学中，发见其观察之不谬，而乐于称道之。然其所以构成彼之伟大之哲学系统者，非此等经典及哲学，而人人耳中目中之宇宙人生即是也。易言以明之，此等经典哲学，乃彼之宇宙观及人生观之注脚，而其宇宙观及人生观，非由此等经典哲学出者也。

更有可注意者，叔氏一生之生活是也。彼生于富豪之家，虽中更衰落，尚得维持其索居之生活。彼送其一生于哲学之考察，虽一为大学讲师，然未几即罢，又非以著述为生活者也。故其著书之数，于近世哲学家中为最少，然书之价值之贵重，有如彼者乎！彼等日日为讲义，日日作杂志之论文（殊如希哀林、海额尔等），其为哲学上真正之考察之时殆希也。独叔氏送其一生于宇宙人生上之考察，与审美上之瞑想，其妨此考察者，独彼之强烈之意志之苦痛耳。而此意志上之苦痛，又还为哲学上之材料，故彼之学说与行为，虽往往自相矛盾、然其所谓“为哲学而生，而非以哲学为生”者，则诚夫子之自道也。

至是，吾人可知叔氏之在哲学上之位置。其在古代，则有希腊之柏拉图，在近世，则有德意志之汗德；此二人，固叔氏平生所最服膺，而亦以之自命者也。然柏氏之学说中，其所说之真理，往往被以神话之面具。汗德之知识论，固为旷古之绝识，然如上文所述，乃破坏的而非建设的，故仅如陈胜、吴广，帝王之驱除而已。更观叔氏以降之哲学，如翻希奈尔、芬德、赫尔德曼等，无不受叔氏学说之影响，特如尼采，由叔氏之学说出，浸假而趋于叔氏之反对点，然其超人之理想，其所负于叔氏之天才论者亦不少。其影响如彼，其学说如此，则叔氏与海尔巴脱等之学说，孰真孰妄，孰优孰绌，固不俟知者而决也。

吾人既略述叔本华之哲学，更进而观其及于教育学说。彼之哲学如上文所述，既以直观为唯一之根据矣，故其教育学之议论，亦皆以直观为本。今将其重要之学说，述之如左：

叔氏谓直观者，乃一切真理之根本，唯直接间接与此相联络者，斯得为真理。而去直观愈近者，其理逾真，若有概念杂乎其间，则欲其不罹于虚妄难矣。如吾人持此论以观数学，则欧几里得之方法，二千年间所风行者，欲不谓之乖谬，不可得也。夫一切名学上之证明，吾人往往反而求其源于直观。若数学，固不外空间时间之直观，而此直观，非后天的直观，而先天的直观也，易言以明之，非经验的直观，而纯粹的直观也。即数学之根据，存于直观，而不俟证明，又不能证明者也。今若于数学中舍其固有之直观，而代以名学上之证明，与人自断其足而俟辇而行者何异？于彼《充足之理由之原理》之论文中，述知识之根据（谓名学上之根据），与实在之根据（谓数学上之根据）之差异，数学之根据惟存于实在之根据，而知识之根据，则与之全不相涉。何则？知识之根据，但能说物之如此如彼，而不能说何以如此如彼，而欧几里得则全用从此根据以说数学。今以例证之。当其说三角形也，固宜首说各角与各边之互相关系。且其互相关系也，正如理由与结论之关系，而合于充足理由之原理之形式。而此形式之在空间中，与在他方面无异，常有必然之性质，即一物所以如此，实由他物之异于此物者如此故也。欧氏则不用此方法以说明三角形之性质，仅与一切命题以名学上之根据，而由矛盾之原理，以委曲证明之。故吾人不能得空间之关系之完全之知识，而仅得其结论，如观鱼龙之戏，但示吾人以器械之种种作用，而其内部之联络及构造，则终未之示也。吾人由矛盾之原理，不得不认欧氏之所证明者为真实，然其何以真实，则吾人不能知之，故虽读欧氏之全书，不能真知空间之法则，而但记法则之某结论耳。此种非科学的知识，与医生之但知某病与其治疗之法，而不知二者之关系无异。然于某学问中舍其固有之证明，而求之于他，其结果自不得不如是也。

叔氏又进而求其用此方法之原因。盖自希腊之哀利梯克派首立所观及所思之差别及其冲突，美额利克派、诡辩派、新阿克特美派及怀疑派等继之。夫吾人之知识中，其受外界之感动者，五官；而变五官所受之材料为直观者，悟性也。吾人由理性之作用，而知五官及悟性，固有时而欺吾人，如夜中视朽索而以为蛇，水中置一棒而折为二：所谓幻影者是也。彼等但注意于此，以经验的直观为不足恃，而以为真理唯存于理性之思索，即名之上之思索。此唯理论，与前之经验论相反对。欧几里得于是由此论之立脚地，以组织其数学，彼不得已而于直观上发见其公理，但一切定理，皆由此推演之，而不复求之于直观。然彼之方法之所以风行后世者，由纯粹的直观与经验的直观之区别未明于世。故迨汗德之说出，欧洲国民之思想与行动，皆为之一变，则数学之不能不变，亦自然之势也。盖从汗德之说，则空间与时间之直观，全与一切经验的直观异。此能离感觉而独立，又限制感觉而不为感觉所限制者也，易言以明之，即先天的直观也，故不陷于五官之幻影。吾人由此始知欧氏之数学用名学之方法，全无谓之小心也，是犹夜行之人，视大道为水，趑趄于其旁之草棘中，而惧其失足也。始知几何学之图中，吾人所视为必然者，非存于纸上之图，又非存于抽象的概念，而唯存于吾人先天所知之一切知识之形式也：此乃充足理由之原理所辖者，而此实在之根据之原理，其明晰与确实，与知识之根据之原理无异，故吾人不必离数学固有之范围，而独信任名学之方法。如吾人立于数学固有之范围内，不但能得数学上当然之知识，并能得其所以然之知识，其贤于名学上之方法远矣。欧氏之方法，则全分当然之知识与所以然之知识为二，但使吾人知其前者，而不知其后者，此其蔽也。吾人于物理学中，必当然之知识与所以然之知识为一，而后得完全之知识，故但知托利珊利管中之水银其高三十英寸，而不知由空气之重量支持之，尚不足为合理的知识也。然则吾人于数学中，独能以但知其当然，而不知其所以然为满足乎？如毕达哥拉斯之命题，但示吾人以直角三角形之有如是之性质，而欧氏之证明法，使吾人不能求其所以然。然一简易之图，使吾人一望而知其必然及其所以然。且其性质所以如此者，明明存于其一角为直角之故。岂独此命题为然，一切几何学上之真理，皆能由直观中证之。何则？此等真理，原由直观中发见之者，而名学上之证明，不过以后之附加物耳。叔氏几何学上之见地如此，厥后哥萨克氏由叔氏之说以教授几何学，然其书亦见弃于世，而世之授几何学者，仍用欧氏之方法，积重之难返，固若是哉！

叔氏于数学上重直观而不重理性也如此，然叔氏于教育之全体，无所往而不重直观，故其教育上之意见，重经验而不重书籍。彼谓概念者，其材料自直观出，故吾人思索之世界，全立于直观之世界上者也。从概念之广狭，而其离直观也有远近，然一切概念，无一不有直观为之根柢。此等直观与一切思索，以其内容，若吾人之思索，而无直观为之内容乎，则直空言耳，非概念也。故吾人之知力，如一银行然，必备若干之金币以应钞票之取求，而直观如金钱，概念如钞票也。故直观可名为第一观念，而概念可名为第二观念，而书籍之为物，但供给第二种之观念。苟不直观一物，而但知其概念，不过得大概之知识，若欲深知一物及其关系，必直观之而后可，决非言语之所能为力也。以言语解言语，以概念比较概念，极其能事，不过达一结论而已。但结论之所得者，非新知识，不过以吾人之知识中所固有者，应用之于特别之物耳。若观各物与其间之新关系，而贮之于概念中，则能得种种之新知识。故以概念比较概念，则人人之所能，至能以概念比较直观者，则希矣。真正之知识，唯存于直观，即思索（比较概念之作用）时，亦不得不藉想象之助，故抽象之思索，而无直观为之根柢者，如空中楼阁，终非实在之物也。即文字与语言，其究竟之宗旨，在使读者反于作者所得之具体的知识，苟无此宗旨，则其著述不足贵也。故观察实物与诵读，其间之差别不可以道里计。一切真理唯存于具体的物中，与黄金之唯存于矿石中无异。其难只在搜寻之。书籍则不然，吾人即于此得真理，亦不过其小影耳，况又不能得哉！故书籍之不能代经验，犹博学之不能代天才，其根本存于抽象的知识，不能取具体的知识而代之也。书籍上之知识，抽象的知识也，死也；经验的知识，具体的知识也，则常有生气。人苟乏经验之知识，则虽富书籍上之知识，犹一银行而出十倍其金钱之钞票，亦终必倒闭而已矣。且人苟过用其诵读之能力，则直观之能力必因之而衰弱，而自然之光明反为书籍之光所掩蔽，且注入他人之思想，必压倒自己之思想，久之，他人之思想遂寄生于自己之精神中，而不能自思一物，故不断之诵读，其有害于精神也必矣。况精神之为物非奴隶，必其所欲为者乃能有成，若强以所不欲学之事，或已疲而犹用之，则损人之脑髓，与在月光中读书其有损于人之眼无异也。而此病殊以少时为甚，故学者之通病，往往在自七岁至十二岁间习希腊、拉丁之文法，彼等蠢愚之根本实存于此，吾人之所深信而不疑也。夫吾人之所食，非尽变为吾人之血肉，其变为血肉者，必其所能消化者也。苟所食而过于其所能消化之分量，则岂徒无益，而反以害之，吾人之读书，岂有以异于此乎？额拉吉来图曰："博学非知识。"此之谓也。故学问之为物如重甲胄然，勇者得之，固益有不可御之势，而施之于弱者，则亦倒于地而已矣。叔氏于知育上之重直观也如此，与卢骚、贝斯德、禄奇之说如何相近，自不难知也。

而美术之知识全为直观之知识，而无概念杂乎其间，故叔氏之视美术也，尤重于科学。盖科学之源，虽存于直观，而既成一科学以后，则必有整然之系统，必就天下之物分其不相类者，而合其相类者，以排列之于一概念之下，而此概念复与相类之他概念排列于更广之他概念之下。故科学上之所表者，概念而已矣。美术上之所表者，则非概念，又非个象，而以个象代表其物之一种之全体，即上所谓实念者是也，故在在得直观之。如建筑、雕刻、图书、音乐等，皆呈于吾人之耳目者，唯诗歌（并戏剧小说言之）一道，虽藉概念之助以唤起吾人之直观，然其价值全存于其能直观与否。诗之所以多用比兴者，其源全由于此也。由是，叔氏于教育上甚蔑视历史，谓历史之对象，非概念，非实念，而但个象也。诗歌之所写者，人生之实念，故吾人于诗歌中，可得人生完全之知识。故诗歌之所写者，人及其动作而已，而历史之所述，非此人即彼人，非此动作即彼动作，其数虽巧历不能计也。然此等事实，不过同一生活之欲之发现，故吾人欲知人生之为何物，则读诗歌贤于历史远矣。然叔氏虽轻视历史，亦视历史有一种之价值。盖国民之有历史，犹个人之有理性，个人有理性，而能有过去未来之知识，故与动物之但知现在者异。国民有历史，而有自己之过去之知识，故与蛮民之但知及身之事实者异。故历史者，可视为人类之合理的意识，而其于人类也，如理性之于个人，而人类由之以成一全体者也。历史之价值，唯存于此，此叔氏就历史上之意见也。

叔氏之重直观的知识，不独于知育美育上然也，于德育上亦然。彼谓道德之理论，对吾人之动作无丝毫之效。何则？以其不能为吾人之动作之机括故也。苟道德之理论，而得为吾人动作之机括乎，必动其利己之心而后可，然动作之由利己之心发者，于道德上无丝毫之价值者也。故真正之德性，不能由道德之理论，即抽象之知识出，而唯出于人己一体之直观的知识。故德性之为物，不能以言语传者也。基开禄的所谓德性非可教者，此之谓也。何则？抽象的教训，对吾人之德性，即品性之善，无甚势力。苟吾人之品性而善欤，则虚伪之教训，不能沮害之，真实之教训，亦不能助之也。教训之势力，只及于表面之动作，风俗与模范亦然。但品性自身，不能由此道变更之。一切抽象的知识，但与吾人以动机，而动机但能变吾人意志之方向，而不能变意志之本质，易言以明之，彼但变其所用之手段，而不变所志之目的。今以例证之。苟人欲于未来受十倍之报酬，而施大惠于贫民，与望将来之大利，而购不售之股票者，自道德上之价值考之，二者固无以异也。故彼之为正教之故，而处异端以火刑者，与杀越人于货者何所择？盖一求天国之乐，一求现在之乐，其根柢皆归于利己主义故也。所谓德性不可教者，此之谓也。故真正之善，必不自抽象的知识出，而但出于直观的知识。唯超越个物化之原理，而视己与人皆同一之意志之发现，而不容厚此而薄彼。此知识不得由思索而失之，亦不能由思索得之。且此知识，以非抽象的知识，故不能得于他人，而唯由自己之直观得之，故其完全之发现，不由言语，而唯由动作。正义、博爱、解脱之诸德，皆由此起也。

然则美术、德性，均不可教，则教育之事废欤？曰："否。"教育者，非徒以书籍教之之谓，即非徒与以抽象的知识之谓，苟时时与以直观之机会，使之于美术人生上得完全之知识，此亦属于教育之范围者也。自然科学之教授，观察与实验往往与科学之理论相并而行，人未有但以科学之理论为教授，而以观察实验为非教授者，何独于美育及德育而疑之？然则叔氏之所谓德性不可教者，非真不可教也，但不可以抽象的知识导之使为善耳。现今伯林大学之教授巴尔善氏于其所著《伦理学系统》中首驳叔氏德性不可教之说，然其所说，全从利己主义上计算者，此正叔氏之所谓谨慎，而于道德上无丝毫之价值者也。其所以为此说，岂不以如叔氏之说，则伦理学为无效，而教育之事将全废哉？不知由教育之广义言之，则导人于直观而使之得道德之真知识，固亦教育上之事，然则此说之对教育有危险与否，固不待知者而决也。由此观之，则叔氏之教育主义全与其哲学上之方法同，无往而非直观主义也。

古雅之在美学上之位置

“美术者，天才之制作也。”此自汗德以来百余年间学者之定论也。然天下之物，有决非真正之美术品，而又决非利用品者。又其制作之人，决非必为天才，而吾人之视之也，若与天才所制作之美术无异者。无以名之，名之曰“古雅”。

欲知古雅之性质，不可不知美之普遍之性质。美之性质，一言以蔽之曰：可爱玩而不可利用者是已。虽物之美者，有时亦足供吾人之利用，但人之视为美时，决不计及其可利用之点。其性质如是，故其价值亦存于美之自身，而不存乎其外。而美学上之区别美也，大率分为二种：曰优美，曰宏壮。自巴克及汗德之书出，学者殆视此为精密之分类矣。至古今学者对优美及宏壮之解释，各由其哲学系统之差别，而各不同。要而言之，则前者由一对象之形式，不关于吾人之利害，遂使吾人忘利害之念，而以精神之全力沉浸于此对象之形式中。自然及艺术中普通之美，皆此类也。后者则由一对象之形式，越乎吾人知力所能驭之范围，或其形式大不利于吾人，而又觉其非人力所能抗，于是吾人保存自己之本能，遂超越乎利害之观念外，而达观其对象之形式，如自然中之高山大川、烈风雷雨，艺术中伟大之宫室、悲惨之雕刻象，历史画、戏曲、小说等皆是也。此二者，其可爱玩而不可利用也同，若夫所谓古雅者则何如？

一切之美，皆形式之美也。就美之自身言之，则一切优美皆存于形式之对称变化及调和。至宏壮之对象，汗德虽谓之无形式，然以此种无形式之形式，能唤起宏壮之情，故谓之形式之一种，无不可也。就美术之种类言之，则建筑、雕刻、音乐之美之存于形式固不俟论，即图画、诗歌之美之兼存于材质之意义者，亦以此等材质适于唤起美情故，故亦得视为一种之形式焉。释迦与马利亚庄严圆满之相，吾人亦得离其材质之意义，而感无限之快乐，生无限之钦仰。戏曲小说之主人翁及其境遇，对文章之方面言之，则为材质；然对吾人之感情言之，则此等材质又为唤起美情之最适之形式。故除吾人之感情外，凡属于美之对象者，皆形式而非材质也。而一切形式之美，又不可无他形式以表之，惟经过此第二之形式，斯美者愈增其美，而吾人之所谓古雅，即此第二种之形式。即形式之无优美与宏壮之属性者，亦因此第二形式故，而得一种独立之价值，故古雅者，可谓之形式之美之形式之美也。

夫然，故古雅之致存于艺术而不存于自然。以自然但经过第一形式，而艺术则必就自然中固有之某形式，或所自创造之新形式，而以第二形式表出之。即同一形式也，其表之也各不同。同一曲也，而奏之者各异；同一雕刻、绘画也，而真本与摹本大殊；诗歌亦然。“夜阑更秉烛，相对如梦寐”

（杜甫《羌村》诗），之于“今宵剩把银红照，犹恐相逢是梦中”（晏幾道《鹧鸪天》词），“愿言思伯，甘心首疾”（《诗·卫风·伯兮》），之于“衣带渐宽终不悔，为伊消得人憔悴”（欧阳修《蝶恋花》词），其第一形式同。而前者温厚，后者刻露者，其第二形式异也。一切艺术，无不皆然，于是有所谓雅俗之区别起。优美及宏壮必与古雅合，然后得显其固有之价值。不过优美及宏壮之原质愈显，则古雅之原质愈蔽。然吾人所以感如此之美且壮者，实以表出之之雅故，即以其美之第一形式，更以雅之第二形式表出之故也。

虽第一形式之本不美者，得由其第二形式之美（雅），而得一种独立之价值。茅茨土阶，与夫自然中寻常琐屑之景物，以吾人之肉眼观之，举无足与于优美若宏壮之数，然一经艺术家（若绘画，若诗歌）之手，而遂觉有不可言之趣味。此等趣味，不自第一形式得之，而自第二形式得之，无疑也。绘画中之布置，属于第一形式，而使笔使墨，则属于第二形式。凡以笔墨见赏于吾人者，实赏其第二形式也。此以低度之美术（如法书等）为尤甚。三代之钟鼎，秦汉之摹印，汉、魏、六朝、唐、宋之碑帖，宋、元之书籍等，其美之大部，实存于第二形式。吾人爱石刻不如爱真迹，又其于石刻中爱翻刻不如爱原刻，亦以此也。凡吾人所加于雕刻、书画之品评，曰“神”、曰“韵”、曰“气”、曰“味”，皆就第二形式言之者多，而就第一形式言之者少。文学亦然，古雅之价值，大抵存于第二形式。西汉之匡、刘，东京之崔、蔡，其文之优美宏壮，远在贾、马、班、张之下，而吾人之嗜之也，亦无逊于彼者，以雅故也。南丰之于文，不必工于苏、王，姜夔之于词，且远逊于欧、秦，而后人亦嗜之者，以雅故也。由是观之，则古雅之原质，为优美及宏壮中不可缺之原质，且得离优美宏壮而有独立之价值，则固一不可诬之事实也。

然古雅之性质，有与优美及宏壮异者。古雅之但存于艺术，而不存于自然，既如上文所论矣，至判断古雅之力，亦与判断优美及宏壮之力不同。后者先天的，前者后天的、经验的也。优美及宏壮之判断之为先天的判断，自汗德之《判断力批评》后，殆无反对之者。此等判断既为先天的，故亦普遍的、必然的也。易言以明之，即一艺术家所视为美者，一切艺术家亦必视为美。此汗德之所以于其美学中，预想一公共之感官者也。若古雅之判断则不然，由时之不同而人之判断之也各异。吾人所断为古雅者，实由吾人今日之位置断之。古代之遗物无不雅于近世之制作，古代之文学虽至拙劣，自吾人读之无不古雅者，若自古人之眼观之，殆不然矣。故古雅之判断，后天的也，经验的也，故亦特别的也，偶然的也。此由古代表出第一形式之道与近世大异，故吾人睹其遗迹，不觉有遗世之感随之，然在当日，则不能若优美及宏壮，则固无此时间上之限制也。

古雅之性质既不存于自然，而其判断亦但由于经验，于是艺术中古雅之部分，不必尽俟天才，而亦得以人力致之。苟其人格诚高，学问诚博，则虽无艺术上之天才者，其制作亦不失为古雅。而其观艺术也，虽不能喻其优美及宏壮之部分，犹能喻其古雅之部分。若夫优美及宏壮，则非天才殆不能捕攫之而表出之。今古第三流以下之艺术家，大抵能雅而不能美且壮者，职是故也。以绘画论，则有若国朝之王翚，彼固无艺术上之天才，但以用力甚深之故，故摹古则优而自运则劣，则岂不以其舍其所长之古雅，而欲以优美宏壮与人争胜也哉。以文学论，则除前所述匡、刘诸人外，若宋之山谷，明之青邱、历下，国朝之新城等，其去文学上之天才盖远，徒以有文学上之修养故，其所作遂带一种典雅之性质。而后之无艺术上之天才者亦以其典雅故，遂与第一流之文学家等类而观之，然其制作之负于天分者十之二三，而负于人力者十之七八，则固不难分析而得之也。又虽真正之天才，其制作非必皆神来兴到之作也。以文学论，则虽最优美最宏壮之文学中，往往书有陪衬之篇，篇有陪衬之章，章有陪衬之句，句有陪衬之字。一切艺术，莫不如是。此等神兴枯涸之处，非以古雅弥缝之不可。而此等古雅之部分，又非藉修养之力不可。若优美与宏壮，则固非修养之所能为力也。

然则古雅之价值，遂远出优美及宏壮下乎？曰：不然。可爱玩而不可利用者，一切美术品之公性也。优美与宏壮然，古雅亦然。而以吾人之玩其物也，无关于利用故，遂使吾人超出乎利害之范围外，而惝恍于缥缈宁静之域。优美之形式，使人心和平；古雅之形式，使人心休息，故亦可谓之低度之优美。宏壮之形式，常以不可抵抗之势力唤起人钦仰之情，古雅之形式，则以不习于世俗之耳目故，而唤起一种之惊讶。惊讶者，钦仰之情之初步，故虽谓古雅为低度之宏壮，亦无不可也。故古雅之位置，可谓在优美与宏壮之间，而兼有此二者之性质也。至论其实践之方面，则以古雅之能力，能由修养得之，故可为美育普及之津梁。虽中智以下之人，不能创造优美及宏壮之物者，亦得由修养而有古雅之创造力；又虽不能喻优美及宏壮之价值者，亦得于优美宏壮中之古雅之原质，或于古雅之制作物中，得其直接之慰藉。故古雅之价值，自美学上观之，诚不能及优美及宏壮，然自其教育众庶之效言之，则虽谓其范围较大成效较著可也。因美学上尚未有专论古雅者，故略述其性质及位置如右。篇首之疑问，庶得由是而说明之欤。

书辜氏汤生英译《中庸》后

古之儒家，初无所谓哲学也。孔子教人，言道德，言政治，而无一语及于哲学。其言性与天道，虽高第弟子如子贡，犹以为不可得而闻，则虽断为未尝言焉可也。儒家之有哲学，自《易》之《系辞》《说卦》二传及《中庸》始。《易传》之为何人所作，古今学者，尚未有定论。然除《传》中所引孔子语若干条外，其非孔子之作，则可断也。后世祖述《易》学者，除扬雄之《太玄经》、邵子之《皇极经世》外，亦曾无几家。而此数家之书，亦不多为人所读，故儒家中此派之哲学，未可谓有大势力也。独《中庸》一书，《史记》既明言为子思所作，故至于宋代，此书遂为诸儒哲学之根柢。周子之言“太极”，张子之言“太虚”，程子、朱子之言“理”，皆视为宇宙人生之根本，与《中庸》之言“诚”无异，故亦特尊此书，跻诸《论》《孟》之例。故此书不独如《系辞》等《传》表儒家古代之哲学，亦古今儒家哲学之渊源也。然则辜氏之先译此书，亦可谓知务者矣。

然则孔子不言哲学，若《中庸》者又何自作乎？曰《中庸》之作，子思所不得已也。当是时，略后孔子而生，而于孔子之说外，别树一帜者老氏（老氏之非老聃，说见汪中《述学》补遗。）、墨氏。老氏、墨氏亦言道德，言政治，然其说皆归本于哲学。夫老氏道德、政治之原理，可以二语蔽之曰："虚"与"静"是已。今执老子而问以人何以当虚当静，则彼将应之曰：天道如是，故人道不可不如是，故曰："致虚极，守静笃，万物并作。"（《老子》十二章）此虚且静者，老子谓之曰"道"，曰："有物混成，先天地生，寂兮寥兮，独立不改，（中略）吾不知其名，字之曰道。"（二十五章）由是其道德、政治之说，不为无据矣。墨子道德、政治上之原理，可以二语蔽之曰："爱"也，"利"也。今试执墨子而问以人何以当爱当利，则彼将应之曰：天道如是，故人道不可不如是。故曰："天兼而爱之，兼而利之。"又曰："天必欲人之相爱相利，而不欲人之相恶相贼。"（墨子《法仪篇》）则其道德、政治之说，不为无据矣。虽老子之说虚静，求诸天之本体；而墨子之说爱利，求诸天之意志，其间微有不同，然其所以自固其说者，则一也。孔子亦说仁说义，又说种种之德矣。今试问孔子以人何以当仁当义，孔子固将由人事上解释之。若求其解释于人事以外，岂独由孔子之立脚地所不能哉，抑亦其所不欲也。若子思则生老子、墨子后，比较他家之说，而惧乃祖之教之无根据也，遂进而说哲学以固孔子道德、政治之说。今使问子思以人何以当诚其身，则彼将应之曰：天道如是，故人道不可不如是，故曰："诚者物之终始，不诚无物。"其所以为此说者，岂有他哉，亦欲以防御孔子之说，以敌二氏而已。其或生二子之后，濡染一时思辨之风气，而为此说，均不可知。然其方法之异于孔子，与其所以异之原因，不出于此二者，则固可决也。

然《中庸》虽为一种之哲学，虽视“诚”为宇宙人生之根本，然西洋近世之哲学，固不相同。子思所谓“诚”，固非如裴希脱（Fichte）之“Ego”，解林（Schelling）之“Absolute”，海格尔（Hegel）之“Idea”，叔本华（Schopenhauer）之“Will”哈德曼（Hartmann）之“Unconscious”也。其于思索，未必悉皆精密，而其议论，亦未必尽有界限。如执近世之哲学，以述古人之说，谓之弥缝古人之说则可，谓之忠于古人则恐未也。

夫古人之说，固未必悉有条理也，往往一篇之中，时而说天道，时而说人事。岂独一篇中而已，一章之中，亦复如此。幸而其所用之语，意义甚为广漠，无论说天说人时，皆可用此语，故不觉其不贯串耳。若译之为他国语，则他国语之与此语相当者，其意义不必若是之广，即令其意义等于此语，或广于此语，然其所得应用之处，不必尽同，故不贯串、不统一之病，自不能免。而欲求其贯串统一，势不能不用意义更广之语，然语意愈广者，其语愈虚。于是古人之说之特质渐不可见，所存者其肤廓耳。译古书之难，全在于是。如辜氏此书中之译“中”为“Our true self”、“和”为“Moral order”，其最著者也。余如以“性”为“Law of our being”，以“道”为“Moral law”，亦出于求统一之弊。

以吾人观之，则“道”与其谓之“Moral law”，宁谓之“Moral order”。至“性”之为“Law of our being”，则“Law”之一字，除与“Moral law”之“law”字相对照外，于本义上固毫不需此，故不如译为“Essence of our being”or“Our true nature”之妥也。此外如此类者，尚不可计。要之，辜氏此书，如为解释《中庸》之书，则吾无间然，且必谓我国之能知《中庸》之真意者，殆未有过于辜氏者也。若视为翻译之书，而以辜氏之言即子思之言，则未敢信以为善本也。其他种之弊，则在以西洋之哲学解释《中庸》。其最著者，如“诚则形，形则著”数语，兹录其文如左：

> Where there is truth, there is substance. Where there is substance, there is reality. Where there is reality, there is intelligence. Where there is intelligence, there is power. Where there is influence, there is creation.

此等明明但就人事说，郑注与朱注大概相同，而忽易以“substance”“reality”等许多形而上学上之语（Metaphysical Terms），岂非以西洋哲学解释此书之过哉。至“至诚无息”一节之前半，亦但说人事，而无“息久征悠远博厚高明”等字，亦皆以形而上学之语译之，其病亦与前同。读者苟平心察之，当知余言之不谬也。

上所述二项，乃此书中之病之大者，然亦不能尽为译者咎也。中国语之不能译为外国语者，何可胜道！如《中庸》之第一句，无论何人，不能精密译之。外国语中之无我国“天”字之相当字，与我国语中之无“God”之相当字无以异。吾国之所谓“天”，非苍苍者之谓，又非天帝之谓，实介二者之间，而以苍苍之物质具天帝之精神者也。“性”之字亦然。故辜氏所译之语，尚不失为适也。若夫译“中”为“Our True Self or Moral Order”，是亦不可以已乎。里雅各（James Legge）之译“中”为“Mean”，固无以解“中也者天下之大本”之“中”，今辜氏译“中”为“Our True Self”，又何以解“君子而时中”之“中”乎！吾宁以里雅各氏之译“中”为“Mean”，犹得《中庸》一部之真意者也。夫“中（Mean）”之思想，乃中国古代相传之思想。自尧云“执中”，而皋陶乃衍为“九德”之说，皋陶不以宽为一德，栗为一德，而以二者之中之宽而栗为一德，否则当言十八德，不当言九德矣。《洪范》“三德”之意亦然。此书中“尊德性”一节，及“问强”“索隐”二章，尤在发明此义。此亦本书中最大思想之一，宁能以“Our True Self or Our Central Self”空虚之语当之乎？又岂得以类于雅里士多德（Aristotle）之《中说》而唾弃之乎？余所以谓失古人之说之特质，而存其肤廓者，为此故也。辜氏自谓涵泳此书者且二十年，而其“涵泳”之结果如此，此余所不能解也。余如“和”之释为“Moral order”也，“仁”之释为“Moral sense”也，皆同此病。要之，皆过于求古人之说之统一之病也。至全以西洋之形而上学释此书，其病反是。前病失之于减古书之意义，而后者失之于增古书之意义。吾人之译古书如其量而止则可矣，或失之减，或失之增，虽为病不同，同一不忠于古人而已矣。辜氏译本之病，其大者不越上二条，至其以己意释经之小误，尚有若干条。兹列举之如左：

（一）“是以君子戒慎乎其所不睹，恐惧乎其所不闻”。辜氏译为：

> Wherefore it is that the moral man watcher diligently over what his eyes cannot see and is in fear and awe of what his ears can not hear.

其于“其”字一字之训，则得矣，然中庸之本意，则亦言不自欺之事。郑玄注曰：

> 小人闲居为不善，无所不至也。君子则不然，虽视之无人，听之无声，犹戒慎恐惧自修，正是其不须臾离道。

朱注所谓“虽不见闻，亦不敢忽”。虽用模棱之语，然其释“独”字也曰：

> 独者，人所不知而己所独知之地也。

则知朱子之说，仍无以异于康成，而辜氏之译语，其于“其”字虽妥然涵泳全节之意义，固不如旧注之得也。

（二）“隐恶而扬善”，辜氏译之曰：

> He looked upon evil merely as something negative, and he recognised only what was good as having positive existence.

此又以西洋哲学解释古书，而忘此节之不能有此意也。夫以“恶”为“Negative”，“善”为“Positive”，此乃希腊以来哲学上一种之思想。自斯多噶派（Stoics）及新柏拉图派（Neo-Platonism）之辨神论（Theodicy），以至近世之莱布尼兹（Leibnitz）皆持此说，不独如辜氏注中所言大诗人沙士比亚（Shakespeare）及葛德（Goethe）二氏之见解而已。然此种人生观，虽与《中庸》之思想非不能相容，然与好问察言之事，有何关系乎？如此断章取义以读书，吾窃为辜氏不取也。且辜氏亦闻《孟子》之语乎？《孟子》曰：

> 大舜有大焉，善与人同。舍己从乐人，取于人以为善。

此即好问二句之真注脚。至其译“执其两端，用其中于民”，乃曰：

Taking the two extremes of positive and negative,he applied the mean between the two extremes in his judgement,employment and dealings with people.

夫云“to take the two extremes of good and evil”（执善恶之中），已不可解，况云“taking the two extremes of positive and negative”乎？且如辜氏之意，亦必二者皆“positive”，而后有“extremes”之可言。以“positive”及“negative”为“two extremes”， 可谓支离之极矣。今取朱注以比较之曰：

然于其言之未善者，则隐而不宣，其善者则播而不匿，（中略）于善之中，又执其两端，而量度以取中，然后用之。

此二解之孰得孰失，不待知者而决矣。

（三）“天下国家可均也”。辜氏译为：

A man may be able to renounce the possesion of Kingdoms and Empire.

而复注之曰：

> The word 均 in text above, literally'even, equally divided'is here used as a verb'to be indifferent to'（平视）, hence to renounce.

然试问“均”字果有“to be indifferent to（漠视）”之训否乎？岂独“均”字无此训而已，即“平视”二字（出《魏志·刘桢传》注），亦曷尝训此。且即令有此训，亦必有二不相等之物，而后可言均之平之。孟子曰：“舜视弃天下犹弃敝屣也。”故若云天下、敝屣可均，则辜氏之说当矣。今但云“天下国家可均”，则果如辜氏之说，将均天下国家于何物者哉。至“to be indifferent to”，不过外国语之偶有均字表面之意者，以此释“均”，苟稍知中国语者，当无人能首肯之也。

（四）“君子之道，造端乎夫妇。及其至也，察乎天地。”郑注曰：

> 夫妇谓匹夫匹妇之所知所行。

其言最为精确。朱子注此节曰“结上文”，亦即郑意。乃辜氏则译其上句曰：

> The moral law takes its rise in relation between man and woman.

而复引葛德《浮斯德》戏曲（Faust）中之一节以证之，实则此处并无此意，不如旧注之得其真意也。

（五）辜氏于第十五章以下，即译“哀公问政”章（朱注本之第二十章），而继以“舜其大孝”“无忧”“达孝”三章，又移“鬼神之为德”一章于此下，然后继以“自诚明”章。此等章句之更定，不独有独断之病，自本书之意义观之亦决非必要也。

（六）辜氏置“鬼神”章于“自诚明”章之上，当必以此章中有一“诚”字故也。然辜氏之译“诚”之不可掩也，乃曰：

> Such is evidence of things invisible that it is impossible to doubt the spirtual nature of man.

不言“诚”字，而以鬼神代之，尤不可解。夫此章之意，本谓鬼神之为物，亦“诚”之发现，而乃译之如此。辜氏于此际，何独不为此书思想之统一计也。

（七）“身不失天下之显名，尊为天子，富有四海之内，宗庙享之，子孙保之。”此数者，皆指武王言之。朱注：“此言武王之事是也。”乃辜氏则以此五句别为一节，而属之文王，不顾文义之灭裂，甚矣，其好怪也！辜氏独断之力如此，则更无怪其以武王未受命，为文王未受命，及周公成文、武之德，为周公以周之王成于文、武之德也。

（八）“礼所生也”之下“居下位”三句，自为错简，故朱子亦从郑注。乃辜氏不认此处有错简，而意译之曰：

For unless social inequalities have a true and moral basis, government of the people is an impossibility.

复于注中直译之曰：

Unless the lower orders are satisfied with those above them, government of the people is an impossibility.

复于下节译之曰：

If those in authority have not the Confidence of those uhder them, government of the people is an impossibility.

按“不获乎上”之意，当与《孟子》“是故得乎丘民而为天子，得乎天子为诸侯，得乎诸侯为大夫”，及“不得乎君则热中”之“得”字相同。如辜氏之解，则经当云“在上位不获乎下”，不当云“在下位不获乎上”矣。但辜氏之所以为此解者，亦自有故。以若从字句解释，与上文所云“为天下国家”，下文所云“民不可得而治”不相容也。然“在下位”

以下，自当如郑注别为一节，而“在下位者”既云“在位”，则自有治民之责，其间固无矛盾也，况《孟子》引此语亦云“居下位而不获于上，民不可得而治也”乎。要之此种穿凿，亦由求古人之说之统一之过也。

（九）“王天下有三重焉，其寡过矣乎。”辜氏译之曰：

> To attain to the soverergnty of the world, there are three important things necessary; they may perhaps be summed up in one: blame lessness of life.

以三重归于一重，而即以“寡过”当之，殊属非是。朱子解为“人得寡过”固非，如辜氏之解，更属穿凿。愚按：此当谓王天下者，重视仪礼、制度、考文三者，则能寡过也。

（十）“上焉者，虽善无征，无征不信，不信民弗从。下焉虽善不尊，不尊不信，不信民弗从。”此一节承上章而言，“无征”之“征”即“夏礼、殷礼不足征”之“征”。故《朱子章句》解为“虽善而皆不可考”是也。乃辜氏译首二句曰：

> However excellent a system of moral truth appealing to supernatural authority may be, it is not verifiable by experience.

以“appealing to supernatural authority”释“上”字，

穿凿殊甚。不知我国古代固无求道德之根本于神意者，就令有之，要非此际子思之所论者也。

至辜氏之解释之善者，如解“凡为天下国家有九经，所以行之者一也”之“一”为“豫”，此从郑注而善者，实较朱注更为直截。此书之不可没者唯此一条耳。

吾人更有所不慊者，则辜氏之译此书，并不述此书之位置如何，及其与《论语》诸书相异之处，如余于此文首页之所论。其是否如何，尚待大雅之是正，然此等问题，为译述及注释此书者所不可不研究明矣。其尤可异者，则通此书无一语及于著书者之姓名，而但冠之曰孔氏书。以此处《大学》则可矣，若《中庸》之为子思所作，明见于《史记》，又从子思再传弟子孟子书中，犹得见《中庸》中之思想文字，则虽欲没其姓名，岂可得也！又译者苟不信《中庸》为子思所作，亦当明言之，乃全书中无一语及此，何耶？要之，辜氏之译此书，谓之全无历史上之见地可也。唯无历史上之见地，遂误视子思与孔子之思想全不相异；唯无历史上之见地，故在在期古人之说之统一；唯无历史上之见地，故译子思之语以西洋哲学上不相干涉之语。幸而译者所读者，西洋文学上之书为多，其于哲学所入不深耳。使译者而深于哲学，则此书之直变为柏拉图之《语录》、康德之《实践理性批评》，或变为裴希脱、解林之书，亦意中事。又不幸而译者不深于哲学，故译本中虽时时见康德之《知识论》，及伦理学上之思想，然以不能深知康德之《知识论》，故遂使西洋形而上学中空虚广莫之语，充塞于译本中。吾人虽承认《中庸》为儒家之形而上学，然其不似译本之空廓，则固可断也。又译本中为发明原书故多引西洋文学家之说。然其所引证者，亦不必适合。若再自哲学上引此等例，固当什伯千万于此。吾人又不能信译者于哲学上之知识狭隘如此，宁信译者以西洋通俗哲学为一蓝本，而以《中庸》之思想附会之，故务避哲学家之说，而多引文学家之说，以使人不能发见其真藏之所在。此又一说也。由前之说则失之固陋；由后之说，则失之欺罔。固陋与欺罔，其病虽不同，然其不忠于古人则一也。故列论其失，世之君子或不以余言为谬乎？

此文作于光绪丙午，曾登载于上海《教育世界杂志》。此志当日不行于世，故鲜知之者。越二十年，乙丑夏日，检理旧箧，始得之。《学衡杂志》编者请转载，因复览一过。此文对辜君批评颇酷，少年习气，殊堪自哂。案辜君雄文卓识，世间久有定论，此文所指摘者，不过其一二小疵。读者若以此而抹杀辜君，则不独非鄙人今日之意，亦非二十年前作此文之旨也。国维附记。

第三章

教育之宗旨何在，在使人为完全之人物而已

论教育之宗旨

教育之宗旨何在？在使人为完全之人物而已。何谓完全之人物？谓人之能力无不发达且调和是也。人之能力分为内外二者：一曰身体之能力，一曰精神之能力。发达其身体而萎缩其精神，或发达其精神而罢敝其身体，皆非所谓完全者也。完全之人物，精神与身体必不可不为调和之发达。而精神之中又分为三部：知力、感情及意志是也。对此三者而有真美善之理想："真"者知力之理想，"美"者感情之理想，"善"者意志之理想也。完全之人物不可不备真美善之三德，欲达此理想，于是教育之事起。教育之事亦分为三部：智育、德育（即意育）、美育（即情育）是也。如佛教之一派，及希腊罗马之斯多葛派，抑压人之感情而使其能力专发达于意志之方面；又如近世斯宾塞尔之专重智育，虽非不切中一时之利弊，皆非完全之教育也。完全之教育，不可不备此三者，今试言其大略。

1. 智育

人苟欲为完全之人物，不可无内界及外界之知识，而知识之程度之广狭，应时地不同。古代之知识至近代而觉其不足，闭关自守时之知识，至万国交通时而觉其不足。故居今之世者，不可无今世之知识。知识又分为理论与实际二种：溯其发达之次序，则实际之知识常先于理论之知识，然理论之知识发达后，又为实际之知识之根本也。一科学如数学、物理学、化学、博物学等，皆所谓理论之知识。至应用物理、化学于农工学，应用生理学于医学，应用数学于测绘等，谓之实际之知识。理论之知识乃人人天性上所要求者，实际之知识则所以供社会之要求，而维持一生之生活。故知识之教育，实必不可缺者也。

2. 德育

然有知识而无道德，则无以得一生之福祉，而保社会之安宁，未得为完全之人物也。夫人之生也，为动作也，非为知识也。古今中外之哲人无不以道德为重于知识者，故古今中外之教育无不以道德为中心点。盖人人至高之要求，在于福祉，而道德与福祉实有不可离之关系。爱人者人恒爱之；敬人者人恒敬之。不爱不敬人者反是。如影之随形，响之随声，其效不可得而诬也。《书》云："惠迪，吉；从逆，凶。"希腊古贤所唱福德合一论，固无古今中外之公理也。而道德之本原又由内界出而非外铄我者。张皇而发挥之，此又教育之任也。

3. 美育

德育与智育之必要，人人知之，至于美育有不得不一言者。盖人心之动，无不束缚于一己之利害；独美之为物，使人忘一己之利害而入高尚纯洁之域，此最纯粹之快乐也。孔子言志，独与曾点；又谓“兴于诗”“成于乐”。希腊古代之以音乐为普通学之一科，及近世希痕林、希尔列尔等之重美育学，实非偶然也。要之，美育者一而使人之感情发达，以达完美之域；一面又为德育与智育之手段，此又教育者所不可不留意也。

然人心之知、情、意三者，非各自独立，而互相交错者。如人为一事时，知其当为者“知”也，欲为之者“意”也，而当其为之前（后）又有苦乐之“情”伴之：此三者不可分离而论之也。故教育之时，亦不能加以区别。有一科而兼德育智育者，有一科而兼美育德育者，又有一科而兼此三者。三者并行而得渐达真善美之理想，又加以身体之训练，斯得为完全之人物，而教育之能事毕矣。

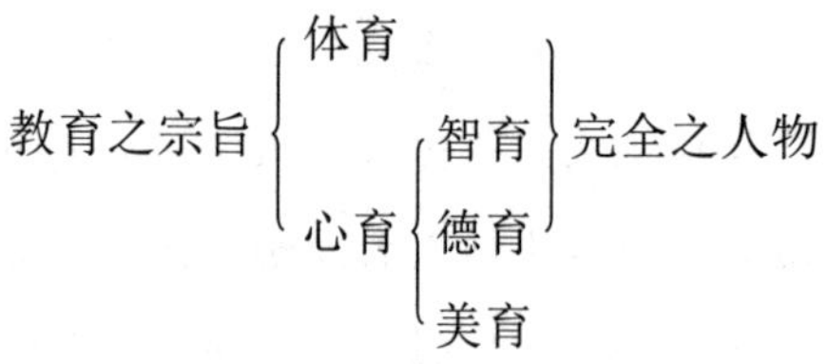

教育之宗旨
- 体育
- 心育
  - 智育
  - 德育
  - 美育

（体育、智育、德育 → 完全之人物）

论平凡之教育主义

天下事有言之有故、持之成理，而实无当于今日之急务者，则流行之平凡教育主义是已。彼等之言曰：“不立小学，不能立中学；不立中学，不能立大学。故今日当务之急，在多立小学，而中学、大学，图之小学尽立之后，未为晚也。”（本报第三期过君论说参照）此其言固常识之所易知，而亦苟安之政治家之所乐闻也。不知为此说者，谓今日之教育，但当限于六七龄之儿童欤？抑将聚成童以上未学之人，而悉以教六七龄之儿童者教之欤？由前之说，则十余岁以上人，无就学之地，而二十年以内，国无可用之人，使国家弃数百万之人才，而阻数十年之进步，其害无甚于此矣！由后之说，则使成人之为学者，必蹈小学、中学、大学之次序，比其材之成，至少亦须俟诸十数年之后，其害与前说等。夫学专门学者，因不可无普通学之预备，六七龄之童子，自断无授以专门之理。然年齿稍长，知力已熟者，则加以二三年之补习，而授以专门之学，微论足济国家需才之亟，亦对今日少年之教育，其理固宜如此也。故今日大学、中学之弊，不在于有其名，而在于其无其实。不举其实而欲降其格以就之，抑亦不思之甚者也！

论为学之次第，固宜循小、中、大学之序。亦思欧洲学校之历史，固有大不然者乎？大学之立，远在中世之顷，而主张小学之普及者，则仅近百年之事耳。大学之立之先于中、小学，专门教育之先于普通教育，此学校发达史上不可拒之事实也。即在今日，如俄罗斯科学、文学、政治之大家，几与德、法并驾，而普通教育之设备，尚不逮意大利、西班牙诸国，然所以屡败于日本而尚不屈者，则岂非以国尚有人哉？日本之兴学也，亦中、小学与大学同时并举，今日当国之元老，与夫于政治、社会、陆、海军中占重要之地位者，皆当日未受完全之普通教育，而躐等以学专门之学者也。德之胜法也，大将毛奇以其功归之小学校教师，吾人不敢不谓普之强大，半归于普通教育之力。然毛氏之语，乃出于功成不居者之自道，则又不可忘也！天下大事，多出于英雄、天才之手，蚩蚩者直从风而靡耳。教育不足以造英雄与天才，而英雄与天才，自不可无陶冶之教育。高等教育之责任，在使英雄与天才得其陶冶之地，而无夭阏之虞。今以国事之亟而人才之乏，则亟兴高等之教育，以蕲有一二英雄、天才于其间，而其次者亦足以供驱策之用。兹事体大，固不可一日缓矣，而议者犹曰无为，此则可大息者也！

此平凡主义之教育，我国上下一般之所赞成也。如南京之陆师学堂，其程度虽不足当外国陆军之专门学校，然以之比外国之陆军中学，如日本之幼年学校，固未为劣也。即令稍有所劣，则高其程度可耳。夫生徒年在十五、六以上，有汉文之素养，而其材质非下下者，则施以中等之教育何所不可？而必欲改为陆军小学，固无怪学生之不能默尔也。以二十以上之人，而使降受小学之教育，无论非国家育才之本旨，即以教育学之理法言之，亦岂合也哉！此皆平凡主义误之也。由此平凡主义，即使小学遍立于全国，愚民之知识当稍胜于前日，至于经国体野、扶危定倾之人才，又何从得之哉？且欲兴小学，则不可无小学之教师，而小学之教师，非受中等之教育者不能为也。欲兴中学，不可无中学之教师，而中学之教师又非受高等之教育者不能为也。故初等、中等、高等之教育三者，当并行而不当偏废。今日之要务，在一面兴普通教育，一面招集年长才秀之生徒，先与以必要之预备，而授以专门之学术。庶足以理万端之新政，而供中学之教员，事无亟于此者矣！余以平凡主义之近理而乱真也，故为之破其惑如左。

教育普及之根本办法（条陈学部）

天下有至美之名，而其实至不易举者，教育普及之事亦其一也。我国今日，下之言教育者，罔不曰“普及”；上之施教育者、亦罔不曰“普及”。今部中既颁《劝学所章程》于各省、且督以实行矣。夫能如是而普及，岂不甚善。然苟由今之道，而不筹其根本办法，则恐其实未举，而其害已形。夫有其名而无其实，犹可说也。至无其实而不胜其害，则不可说也。天下未有根本不培而枝叶能茂者，则其有害无利，固不足怪。夫图其根本者，其事固艰，其效固迟。然此外更无易而且速之法，则与其欲速而不达，何如日进而有功；与其改之于方来，何如图之于其始。夫教育普及，理想也。国民之程度与地方之经济，实际也。理想在所必达，而实际尤不容不知。今将其今日不易举之处，并其根本办法陈诸钧座，以备采择：

一、宜详定初等教育经费办法也

今天下户口，尚未有统计，故学龄儿童之数，不可确知。然计其大略，则儿童之及学龄者，每州县至少当不下三万人。若令悉数就学，则城镇须有容三四百人之多级小学二三十所，乡僻须有容五六十人之单级小学二三百所，然后得举教育普及之实。单级小学，一校之经费，每岁约三百元。多级小学（容三四百人者），一校之经费，每岁约二千元至二千五百元。即以单级校三百校，多级二十校计之，一州县每岁须十三四万元。试问，今日就一州县能筹如许之巨款乎？而筹款之事，亦尚未有定章，唯奏定《劝学所章程》第四条曰："此项学堂经费，皆责成村董就地筹款，官不经手。"夫"就地筹款"四字，固东西通行之成规，亦至当不易之办法。以受教育者为村民之子弟，则任负担者，宜为子弟之父兄，势所固然，理亦宜尔。但责成村董，则其弊有不可胜言者。国维，海宁人也，不知他处，请言海宁之教育经费。海宁高等、初等小学，共十余校（惟各校生徒无逾五十人者），其筹款之方法，所谓"责成村董，官不经手"者也。其出诸昔之书院经费，及加诸大捐项，或剔自中饱者，尚无病于民。而其他校之经费，往往人自为筹，地自为政，绅主其事，而官受其成。其贤者，则因以为功，而不能加以干涉。其不肖者，且缘以为利，而祸将不可胜言。夫地方绅士，岂尽善良？凋劣之青衿，不学之贾竖，窥一时之大势，窃兴学之美名。官以办学之人而稍加敬礼，绅乃借官之势以肆其恣睢，小民负戴之菽麦、屠宰之羊豕，几于入市无税，无物不征。而其借以干预他事、武断乡曲者，更无论矣。长吏之于乡僻，既为耳目所不周，小民之疾学堂，殆视教会为尤甚。以教会不过习惯上之冲突，而学堂则关乎生计上之问题故也。一邑如此，天下可知矣。

以今日至不普及之教育，而其效如此，则普及教育之需，莫大之经费者，其效更可睹矣。揆其所由，皆由当日未定筹款方法所致。故部中亟应与度支部、民政部及各省督抚，察看地方情形，定教育经费负担之额、征取之法，以为经常税之一部，取之自官，而分配之于各校。要之，筹款不妨责诸村镇之绅，而征取必由行政之吏，万不可使筹款之人，即为征税之人，尤不可使征税之人，即为办学之人。庶不伤家庭、学校间之感情，而小民可以劝学，亦不紊立法、行政上之系统，而权限各有攸归。揆之各国，无不皆然；以筹款为议会之专责，而兴学与征税乃行政上分别之事业故也。夫国维固非敢谓官皆贤，而绅皆不肖也。但官有升转以劝于前，有惩诫以随其后，视绅之无责任者有间矣。且一切租税，悉自官征，归之于经常之税，而征之自官吏之手，则上之取之也，专而下之、输之也便，视绅之人自为制者不侔矣。欲定此法，自不得不需数年之研究，与民政部、度支部及地方督抚之赞助，是在以果毅之力，精密之心，急起图之而不容稍缓者矣。规制既一，骚扰自除，虽普及不可骤期，而根本庶几稍立。今当一面核定经费，一面养成教员，逮教员养成之时，亦经费将定之日。苟人人知教育之有效，即加税以何难？倘人人视学校为病，民虽劝学而奚益？舍此不图，则必焚毁学校之案日增于前，而于教育普及之道去之已远。此于教育之前途关系不小，此不可不为根本计者，一也。

二、宜大兴高等教育以作中等、初等教育之基础也庚子以前之言教育者，尚未知有高等、中等、初等之别，故其时京师及各省所兴办者，皆有名无实之大学、高等学堂也。至近数年，而提倡初等教育及师范教育之声，洋溢于耳。国维则谓，楚则失矣，而齐亦未为得也。今之君子，辄曰初等教育为中等教育之基础，中等教育为高等教育之基础。此自生徒入学之次序言之，固为得矣。岂知论国家兴学之次序，则有大不然者乎！夫欲兴小学，则不可无小学之教师，而小学之教师，非受中等教育者不能为也。欲兴中学，不可无中学之教师，而中学之教师，非受高等之教育者不能为也。此不独理论上为然，实际亦如是。欧洲大学之立，远者千余年，近者亦二三百年，至小学之普及，则仅近百年内之事耳。国维向谓：主张初等教育及中等教育者，为平凡主义、颠倒主义，实以此也。今日之小学，教师稍有知识者，未有以为胜任愉快者也。然彼等知小学之教师，必出于中学及师范学校，亦思中学及师范学校之教师又安从出乎？中学及初级师范，每府例各设一校，其教员势不能悉聘诸外人，而我国人之能称此职者有几人乎？无完善之中学及师范学校，而欲求小学之进步，不可得也。以此论法推之，则无完善之大学、专门学校，而欲求中学及师范学校之进步，亦必不可得也。春间，部中推广优级初等师范之电，各省多未奉行。窃谓，学部宜以全国之高等教育，为己直辖之事业，除于京师之大学堂整顿扩充外，至外须于保定、西安、武昌、成都、江宁、广州六处，置大学或专门学校，悉聘外人以为教师。而选拔生徒之稍受教育，才质聪颖，国文通畅者，与以相当之预备（外国文及数学、自然科学），而授以专门之学。或附设优级师范于其中，或就他日生徒之已卒业，而有为中学师范学校教师之志向者，授以教育教授等学。庶五六年以后，中学及师范学校之教师可得而有矣。其尤俊者，则选之使留学外国，以备他日大学教授之选，则十年以后，客卿可得而辞矣。中学校及师范学校既有完全之教师，然后小学始有完全之教师矣。虽受高等教育者，其大半或出而任国家社会上之事业，而今日国家社会上之需才，亦与教育上无异，则一举而数美备焉。况其余润所沾于中等及初等教育者甚广，而中等及初等教育，舍此更无进步之道乎。释此不图，则虽隆教员之待遇，定教员之资格，十年之后，其弊诚有如戴、端二大臣《条陈学务奏折》所云："天下皆似是而非之学堂"者。夫必有真正之大学、专门学校，而后有真正之中学校、师范学校，有真正之中学、师范学校，而后有真正之小学校。此理之易明而不容疑问者也，此其不能不为根本计者。二也。

以上二条，皆就现在地方初等教育情形之幼稚腐败而计，不得不出于此者。此二者，其事诚艰，其效诚迟，然择其易者而为之，则他日之艰有倍于是者矣；取其速者而行之，则进步之迟有甚于是者矣。欲以图教育之普及，不亦难乎？而当经费未核定、教员未养成以前，除补苴罅漏、去其太甚外，别无真正改良之法。故言乎预备，固急于商贾之趋时，而进其步武，不可如农夫之助长，是在学部之急起直追，而不容少缓者矣！

论小学校唱歌科之材料

今日教育上有一可喜之现象，则音乐研究之勃兴是也。二三年来，学校唱歌集之出版者以数十计，大都会之小学校，亦往往设唱歌一科。至夏期音乐研究会等，时有所闻焉。然就唱歌集之材料观之，则吾人不能不谓，提倡音乐、研究音乐者之大半，于此科之价值，实尚未尽晓也。

夫音乐之形而上学的意义（如古代希腊毕达哥拉斯及近世叔本华之音乐说），姑不具论，但就小学校所以设此科之本意言之，则（一）调和其感情；（二）陶冶其意志；（三）练习其聪明官及发声器是也。一与三为唱歌科自己之事业，而二则为修身科与唱歌科公共之事业。故唱歌科之目的，自以前者为重。即就后者言之，则唱歌科之补助修身科，亦在形式而不在内容（歌词）。虽有声无词之音乐，自有陶冶品性，使之高尚和平之力，固不必用修身科之材料，为唱歌科之材料也。故选择歌词之标准，宁从前者而不从后者。若徒以干燥拙劣之辞，述道德上之教训，恐第二目的未达，而已失其第一之目的矣。欲达第一目的，则于声音之美外，自当益以歌词之美。而就歌词之美言之，则今日作者之自制曲，其不如古人之名作审矣。或谓古人之名作，不必合于小学教育之目的与程度。然古诗中之咏自然之美及古迹者，亦正不乏此等材料，以有具体的性质，而可以呈于儿童之直观故。故较之道德上抽象之教训，反为易解，且可与历史、地理及理科中之材料相联络。而其对修身科之联络，则宁与体操科等。盖一在养其感情，一在强其意志，其关系乃普遍关系，而不关于材质之意义也。循此标准，则唱歌科庶不致为修身科之奴隶，而得保其独立之位置欤。

去毒篇（鸦片烟之根本治疗法及将来教育上之注意）

人之谨疾也，必审夫疾之所由起。起居之不时，饮食之无节，侈于嗜欲而啬于运动，此数者，致病之大源也。不治其源，而俟其病而谨之，虽旋病旋愈，未为善卫生也。医之治疾也亦然，不告以摄生之道，而惟标之是治，虽百试百效，未为良医也。此不独个人身体上之疾病然也，国民之精神上之疾病，其治之之道亦无异于是也。

今试问中国之国民，曷为而独为鸦片的国民乎？夫中国之衰弱极矣，然就国民之资格言之，固无以劣于他国民。谓知识之缺乏欤？则受新教育而罹此癖者，吾见亦伙矣。谓道德之腐败欤？则有此癖者不尽恶人，而他国民之道德，亦未必大胜于我国也。要之，此事虽非与知识道德绝不相关系，然其最终之原因，则由于国民之无希望，无慰藉。一言以蔽之：其原因存于感情上而已。

人之有生，以欲望生也。欲望之将达也，有希望之快乐；不得达，则有失望之苦痛。然欲望之能达者一，而不能达者什佰，故人生之苦痛亦多矣。若胸中偶然无一欲望，则又有空虚之感乘之。此空虚之感，尤人生所难堪，人所以图种种遣日之方法者，无非欲祛此感而已。彼鸦片者，固遣日之一方法，而我国民幸而于数百年前发见之，则其骛而趋之固不足怪，顾独我国民之笃嗜之也，其故如何？

古人之疾，饮酒、田猎，今人之疾，鸦片、赌博。西人之疾在酒，中人之疾鸦片。前者阳疾，后者阴疾也；前者少壮的疾病，后者老耄的疾病也；前者强国的疾病，后者亡国的疾病也；前者欲望的疾病，后者空虚的疾病也。然则我国民今日之有此疾病也何故？吾人进而求其原因，则自国家之方面言之，必其政治之不修也，教育之不溥及也；自国民之方面言之，必其苦痛及空虚之感深于他国民，而除鸦片外别无所以慰藉之之术也。此二者中，后者尤其最要之原因。苟不去此原因，则虽尽焚二十一省之罂粟种，严杜印度、南洋之输入品，吾知我国民必求所以代鸦片之物，而其害与鸦片无以异，则固可决也。

故禁鸦片之根本之道，除修明政治，大兴教育，以养成国民之知识及道德外，尤不可不于国民之感情加之意焉。其道安在？则宗教与美术二者是。前者适于下流社会，后者适于上等社会；前者所以鼓国民之希望，后者所以供国民之慰藉。兹二者，尤我国今日所最缺乏，亦其所最需要者也。

宗教之说，今世士大夫所斥为迷信者也。自知识上言之，则神之存在、灵魂之不灭，固无人得而证之，然亦不能证其反对之说。何则？以此等问题，超乎吾人之知识外故也。今不必问其知识上之价值如何，而其对感情之效，则有可言焉。今夫蚩蚩之氓，终岁勤动，与牛马均劳逸，以其血汗，易其衣食，犹不免于冻馁，人世之快乐，终其身无斯须之分，百年之后，奄归土壤。自彼观之，则彼之生活果有何意义乎！而幸而有宗教家者，教之以上帝之存在、灵魂之不灭，使知暗黑局促之生活外，尚有光明永久之生活；而在此生活中，无论知愚、贫富、王公、编氓，一切平等，而皆处同一之地位，享同一之快乐，今世之事业，不过求其足以当此生活而不愧而已。此说之对富贵者之效如何，吾不敢知，然其对劳苦无告之民，其易听受也必矣。彼于是偿现世之失望以来世之希望，慰此岸之苦痛以彼岸之快乐。宗教之所以不可废者，以此故也。人苟无此希望，无此慰藉，则于劳苦之暇，厌倦之余，不归于鸦片，而又奚归乎？余非不知今日之佛教已达腐败之极点，而基督教之一部，且以扩充势力干涉政治为事，然苟有本其教主度世之本意，而能造国民之希望与慰藉者，则其贡献于国民之功绩，虽吾侪之不信宗教者，亦固宜尸祝而社稷之者也。

吾人之奖励宗教，为下流社会言之，此由其性质及位置上有不得不如是者。何则？国家固不能令人人受高等之教育，即令能之，其如国民之智力不尽适何？若夫上流社会，则其知识既广，其希望亦较多，故宗教之对彼，其势力不能如对下流社会之大，而彼等之慰藉，不得不求诸美术。美术者，上流社会之宗教也。彼等苦痛之感无以异于下流社会，而空虚之感则又过之。此等感情上之疾病，固非干燥的科学与严肃的道德之所能疗也。感情上之疾病，非以感情治之不可。必使其闲暇之时心有所寄，而后能得以自遣。夫人之心力，不寄于此则寄于彼；不寄于高尚之嗜好，则卑劣之嗜好所不能免矣。而雕刻、绘画、音乐、文学等，彼等果有解之之能力，则所以慰藉彼者，世固无以过之。何则？吾人对宗教之兴味，存于未来，而对美术之兴味，存于现在。故宗教之慰藉，理想的；而美术之慰藉，现实的也。而美术之慰藉中，尤以文学为尤大。何则？雕刻、图画等，其物既不易得，而好之之误，则留意于物之弊固所不能免也。若文学者，则求之书籍而已无不足，其普遍便利，决非他美术所能及也。故此后中学校以上宜大力于古典一科，虽美术上之天才不能由此养成之，然使有解文学之能力，爱文学之嗜好，则其所以慰空虚之苦痛而防卑劣之嗜好者，其益固已多矣。此言教育者所不可不大注意者也。

以上所述，不过就大略言之，非谓上流社会不能有宗教上之信仰，下等社会不许有美术之嗜好也。鸦片之根本治疗法，不出于此二者，若不留意于此，而惟禁之之务，则虽以完全之警察、严酷之刑罚随其后，亦必归于无效，就令有效，不过横溢而为他嗜好而已耳。防民之口，甚于防川，况民之感情乎！今政府有禁鸦片之议，而民间亦渐有自知戒绝者，特不就根本上下手，则恐如庸医之治标，终无勿药之一日。故略抒所见，为社会告焉。

纪言

光绪丙午冬十月，国维以父忧居里门。有乡先生六、七人，踽然叩门入，曰：学部新令，凡府、厅、州、县，各置一劝学所，并置学务总董一人，以总揽一邑之学务。吾子素明于教育，但居乡之日浅，未得奉教。今邑侯令某等举总董，既以吾子应矣，子其毋辞。余应之曰：嘻，以今日吾邑教育情形观之，虽欲不辞，其可得乎？此非徒吾邑之咎也，以全国教育大势如是，故一邑教育之结果，势不能不如是也。案劝学所之设，所以劝学龄儿童人人就学，以图教育之普及也。今吾邑学龄儿童之数，尚未有统计，然计其大数，当不下万人。故城镇须有容四五百人之小学十余所，乡僻须有容五六十人之单级小学百所，然后得举人人就学之实。试问，吾邑果有十分之一之设备否乎？吾邑之学校，举城镇中之大者，每校不能容五十人，然亦不过十数校。其中有学校之名，而无学校之实者，且过半焉。既无设备，奚以劝人？此其不能不辞者一也。外国通例，小学经费，皆系村民负担，由地方官征之，而赋之于学校。今政府尚未定小学经费负担之道、征取之法，而上所谓十数校之经费，皆地自为筹。人自为政，绅主其事，而官受其成。其贤者，则因以为功；其不肖者，且缘以为利。小民负戴之豆麦，屠宰之羊豕，几于无物不税，无地不征，而所教者不过数十市民之子弟，则其谤讟，实有由矣。且地方绅士，岂尽善良，小镇尤甚。阘劣之青衿，折阅之贾竖，窥一时之大势，窃兴学之美名。官以办学之人而稍加敬礼，绅乃借官之势以肆其恣睢，甚或以办学为词讼之媒，以公校为赌博之地。长官之耳目，既不周于僻壤，小民之嫉怨，且有甚于教堂。若欲广设学校，则必更添经费。今筹款既无定章，劝学必分区域，则搜括之法，既不能异于曩时，而劝学之员，又岂必遂？无若辈，吾恐小民未见其利，而先受其害。欲使子弟就学，盖亦难矣！此其不能不辞者二也。夫以设备之如此，经费之如彼，非学部统筹全局，定制于内，疆吏斟酌情形，奉行于外，而徒执人人而劝之学，斯已左矣。且学务总董之职，例兼县视学，则各校教科之良窳、教员之当否，亦其专责。夫学校之成绩，视教员之得人。今教育之缺乏，可谓极矣。吾浙一省，尚无完全之师范学校。其高等学堂附属之师范简易科卒业者，学术卤莽，教授拙劣，断不足胜教员之任，况人数亦属无几。今吾邑已有之校，教员称职者十不得一二，若欲增设，奚自求之？此又疆吏预备之不早，而无术以补救者也。以如此之学校，如此之教员，欲以造就国民资格，盖亦难矣！吾家有儿童及学龄矣，宁委诸私塾，而不愿遣之入公校，其奚以劝人？此其不能不辞者三也。故就地方教育情形，非学部通筹全局，立其根本，则虽圣贤豪杰亦无以善其后，况不才如某者乎！且某尚欲研究学问，又将有四方之役，未能以身委诸一邑之公益也。故不敢既以告于乡先生，遂泚笔而记之。

夫天下事，未有纲领不张，而细目厘然者。上之人苟不总揽大局，妥为预备，而遽以劝学责诸地方，即使学校如林，亦不过如上文所述之各校而已。乌呼！观于一县，而天下之教育可知矣。故记对客之语，以为有教育之责者告焉。

第四章

教育不足造英雄与天才，
而英雄与天才自不可无陶冶之教育

述近世教育思想与哲学之关系

古来学者多欲就自然人类及社会等疑问而解决之，如：人所以为人之价值存于何点乎？人何为而生斯世乎？心与物体之关系如何乎？人何由而得认识外界乎？又真伪之判决于何求之乎？凡此之类皆是也。而由此等疑问，遂生所以教人之目的、方法之疑问。此乃势所必至，谓后者之解决，专待诸前者之解决可也。

然吾人之于自然于人类，其未能明了者尚复不少。往往有一代所信为正确者，至他时代，复以为虚伪而舍之。殊如理想上之问题，乃随吾人之进步而变迁无穷者，决不能见最后之决定。此哲学上之研究所以终无穷期，而教育思想之所以不能固定也。人或以无确实不动之教育说，引为慨叹。虽然，亦奚足慨叹哉！教育不能离历史的条件。人类之发展促教育之进步，而教育之进步又助人类之发展。二者循环相俟，而无限发达。此理之固然耳。以下约略述之，以见近世教育变迁之次第，无不本于哲学的思想之影响者。

在近代之教育界，其初虽以模仿古人言文，为教授上最要之练习，然尚实主义起而反对之，一以实事实物之知识为贵，遂于十七八世纪之教育界大擅势力。此倾向之起源，固由于时势之变化，然柏庚之经验主义，实亦大与有力也。柏庚对眩惑上古文学之徒，以现在三字警告之，大声疾呼曰：汝勿盲信传来之说，而躬就自然研究之。向来之科学，不使自然发言，特以任意构成之观念，加诸自然界，而由之以成虚伪之思想。不观于旧来之论理乎？其推测式由命题而成，其命题由言词而成，而言词则概念之符牒也。然若此根据之概念，出自任意构成，而并不正确，则筑于此基础上者，何以保其坚实乎？故吾人一线之希望，在真正之归纳法。惟由此法，而后可得正当之概念耳。此法由感觉的知觉，由具体物而抽出定理，且由渐近完全之进步，而达于最普遍之域。向来就自然界之思考，不过预定云耳。然以事实为基础，而成立于正确之次序之结论，则可视为自然界之说明焉。是故无根据而预定之虚伪的概念，必一扫而空之，使吾人之悟性得全脱其束缚。柏庚又谓虚伪的概念之所由生，有四端焉：一、欲以己之感觉为准，己之性质为基，而考察事物之一般倾向。二、由气质、教育、习惯等而出之个人特性。三、人于日常交际，以言词表事物，后则竟忘原物，而惟保持其符号。四、传来之种种独断说，犹存于哲学系统及虚伪的论理故也。反而言之，则构成正当概念之道非他，心常止于物之本身，而受纳其形象，如在其真。且也，不依赖教权，而尽舍得自传授之意见，一以无垢无邪之心，考察世界是已。居今之日，物质界天体界既扩张无量矣，而于知识界，犹限于古代之狭区域，人类之辱也。故必以立于观察及实行上之经验，为研究之唯一方法。又曰：人为自然之从属者，又为其说明者，其所能知、所能行，限于能由观察与思索以知之者耳。人之知识技能决不能超越之。夫知识者，力也。原因之不能认知者，则不能见结果。自然者，惟由顺从而后得征服之耳。要之，尚实重理之倾向，独立的研究及多方的知识之要求，于柏庚著作中往往见之。在教育界，直接受柏庚之影响者，廓美纽司也。廓氏虽有强固之宗教的倾向，然以为人性非腐败，而具有知德及信仰之种于者，欲发展之，俾得登天国。此其准备，可求之于现在世。氏以为教人之法，首在观察自然界，而从其化育万物之法则。如曰：自然以春季为动植生育之时期，故一生之教授始于幼，一日之教授始于晨。自然先实而后形，故教授亦体之，必先认识而后记忆。自然以普遍为基础，而后进于特殊，故必定学术之一般的基础，而后移于特殊之教授。自然必有次序，故教授亦不可躐等而进。自然必有根底，故教授不当求知识于书籍，而当求之于实物云云是也。

实学之倾向，于十七世纪之教育界，其势力既渐强，于是持宗教主义者，不但不能防止之，又自服从之。观于佛兰楷之学校，多授实科，以练习实用的技能，及其后信念派之创立实科学校，可以证也。但此种新倾向，非仅受柏庚一人之影响，亦由物理、天文、地理上之新研究，促人生观世界观之变化，有以致之。其在法国，则拉普烈既谓教授者以得自实地观察之知识为必要，又如孟德尼、夏尔伦，亦力斥注人知识徒劳记忆之教授法。故教育及教授界，既机轴一新，特经柏庚、廓美纽司之鼓吹，而其势力更隆盛尔。至于重理贵法之倾向，所由发达，则吾人不得不归之特嘉尔德。

法国学术界之怀疑的精神，于孟德尼、夏尔伦既表见之，至特嘉尔德而尤著。孟德尼以为一切科学，有不能利于人生行为者，宜排斥之。吾人非为科学而学科学也，为欲完理性、正思想而利用之也。脑之善锻炼者，优于脑之充满者远矣。夏尔伦亦谓科学之与知能，不但相异，且不相容。富于智者无学，长于学者无智。人之价值，不在记忆丰富，知识赅博也。知自己，从自然，能保持一身之自由，而于道德上发见真正之满足，有此智能，则价值存焉矣。导儿童者宜善诱其好奇心，常活动其耳目作用，以为培养心力之用。且勿仅由依赖之情，及敬慕之意，不择何事，而盲信之。必凭一己之理性，以探究一切事物，而自选择之。不能选择，则以使之怀疑为得。要之，谓疑惑宁优于盲信是也。特嘉尔德之说，与是略同，谓向之所信者，宜尽疑之，且凡为疑之对象者，宜尽除之。曰：感觉屡欺人，故吾人不得信赖之；即理性，吾人亦不能以无条件而信用之也。何则？难保其不陷谬误也。醒觉时之思考与梦寐中之思考，其区别果何在？以前者为正确，其理由究何在乎？从氏之说，则使向之所信为确定者，悉退而立于不确定之地位。然特氏又谓此不确定者之中，却有一确实不可动者，即怀疑益深，则此怀疑之我之存在，益不得不确实。疑也者，不外思考之一形式。故可曰："我以思考故而存在也。”是吾人以单简之直觉，于疑问自身所得之真理也。我虽疑一切，然其思考之不止，明甚；思考若止，则纵令其他一切存在而我之存在与否，未可信矣。故当知吾人之本体，在思考之上。自我确实，则为一切认识之根据。吾人所明确认知，恰如我身之存在之事，斯可谓之为真耳。氏从此根本思想，而于方法论中，谓知觉理解之力，人皆同等，其所以区别之原因，则由养成之法不同。又谓人各有自由思考之权利，人之所信者即其所自决者，故学习上最宜重个人之自由。至方法上之规定有四：一曰，明确之法则。即明确认知者外，不可采以为真是也。二曰，分解之法则。即处置难事时，剖大为小，逐次分之，至分无可分而已是也。三曰，总合之法则。即从由简渐繁之次序，以导思考之绪是也。四曰，包括之检查。即广而计之，期于确无遗漏是也。由是观之，特氏于排盲信而贵自思之一点，与柏庚同，又于重实事实物之知识，亦略与柏氏近。惟特氏不置重实质的知识之自身，则与柏庚迥异。氏盖以实质的知识，为增进心力之手段，以使人能达于自求真理之域，为其主要之目的。教育论者之置重形式的陶冶即此义也。

卜尔罗怀尔之学风及教育，明由特嘉尔德之思想而出。此派一反蔼瑞脱派教会偏重古语之弊，而本由既知及未知之原则，取普通经验上之事实为题，先以国语讲谈之，以国文记述之，而后使之学拉丁语，期养成其恰当之判断力。又其使之学古语也，其旨归不在偏于形式，而专以模仿为事，特欲从古学者之例，善能发表其正确之判断与适切之思想而已。如弗理约利、斐奈伦、罗尔兰之徒，皆从特嘉尔德之思想者。弗理约利曰：在文艺复兴时代，有委其一身以学习希腊拉丁语，至仅为言语故而泛览一切学子之书者，斯诚可谓奇人矣。若辈以为欲利用古学者，在谙诵古人文字，如其所言而言之，是实误甚。古之人择适切彼等之事实，而以正确愉快之方法，善表之于言语。吾人亦当择适切吾人之事实，如古人之法，而以吾人之言语叙述之，此即善学古人者也，弗理约利此占，实足表示新人文主义之根本思想。故特嘉尔德之思想不但助成近世之实学的合理的倾向，即谓人文主义亦由是而得改造之根据可也。

方法之过重，此新教育家之一般倾向也。拉德楷既谓各种言语，当以同一之方法处理之，廓美纽司亦谓一切科学及言语，当以同一之方法教授之，至欲编定教科书，使教者奉为定范。今谓此倾向之增进，亦承特嘉尔德之思想而来，非臆说也。至是，论者竟以为不问教师优劣，但同用一书籍，同一方法，即可同获成效。如贝斯达禄奇，谓良善之教法，惟一而已，简易其教法，则凡为母者皆可以教其子云云，即此义也。要之，轻视教师之人格技能与生徒之个性，而循严密之方法而进，则不问养成何等生徒，皆可如愿以偿。此合理主义之教育家所均谓然也。

以感觉为高尚之心的发展之基础，更说实地的观察感觉的经验之必要，且稍加以功利思想者，洛克也。洛克否认天赋的观念之存在，以一切知识为获得者。虽人人所一致认定者，然非自始而存于精神。又即矛盾法、相同法等，为论理上之根本定理，然人非自始而有之。观于儿童及无意识者之绝无意识，可以知也。个人及国民间，其道德心、宗教心，不相一致，然则有何理由，可信为先天的存在者乎？要之，人心之初，如一幅洁白之纸，其有观念及其思考之材料，惟由对外界事物及内界活动之观察而得之。故人知之根源非他，一则感觉，一则内省。由是以得单独之观念，及其合之也，而后全体思考及知识系统，乃以成立。此与结合字母而组织为言语，无以异也。洛克本此思想，而述教育上之注意，曰：满足儿童之求知心，此最必要。人惟有此心故，而后能知世界。故吾人对幼者之发问，宜本亲切之情，与以正确之答。又必语以他人求知之法，以刺激之。又曰：凡学习，不宜以之为课业，而宜以为名誉、娱乐、体养上之事，俾为对他活动之赏励。如此，则儿童欲自进而受教矣。游戏之际，以使之多学自然为善，如刻字母于骰，俾幼儿弄之，则自然记忆字母，兼知拼法是也。至见读书力之发生，则与以简易而有味之书籍，又务择其有插画者。物之观念，由实物或其写象而得之，非由言词而得之也。洛克于言语教授，谓宜以国语为先，至外国语，则宜先法语而后拉丁语。又谓言语教授上，须注意其内容之价值，既养其言语之能力，兼畀以科学之知识。如就无益之知识技能，而徒劳记忆者，不可也。是故彼谓图画一事，当由实用的见地而练习之。又以诗歌音乐为无用，曰：

诗歌与放荡同行，苟不欲其儿放荡者，决不可使之为诗人。若夫欲就音乐而得普通之技能，则不独多耗实力，又其练习之上，有导儿童于恶社会之危险。要之，吾人之生活也甚短，事物之获得也甚难，而吾人之精神又非能永劳无间者，故不可不节其时与力，以向最有益之事物，而于最捷最易之道，以求得之也。

卢骚之教育思想，其由洛克而出，明甚。彼于《爱弥耳》中，首重实物之知识，以先学其符号为不可，曰：必使于十二岁前，不知书籍为何物，而惟就自然之书籍读之。夫然，故卢氏亦重感觉之练习，曰：一切能力，其发生最早且成育最先者，感觉也。故不可不及早完成之，仅练习儿童之活力者，未为足也。宜利用各感觉，使由一感觉而得之印象，更由他感觉以试验之，测算之，比较之。吾人认识之广延，关于观念之数，其悟性之正确，则以观念之纯粹且明了也。比较观念之技能，称之曰理性。感觉的理性，乃由种种感觉之相合，而构成简单的观念者。而真正之理性，则由许多之简单的观念，构成复合观念者。欲后者之发达，则不可不先求前者之进步。又曰：儿童自其身之四周，而得感觉的印象，须育成之，俾至于为观念。然由感觉的事物，突然而移于悟性的事项，则不可。知力最初之活动，在感觉指导之下，故舍世界外无书籍，舍事实外无教授也。儿童不可仅习言语，其知某事之为何事者，非由汝以之语彼，而彼之自了解之也。不可使彼学习科学，而宜使彼发见之。若汝不与彼以根据，但使之由威权而生信仰，则欲既不能自思，终为他人思想之玩弄物而已。洛克、卢骚之思想，经泛爱派之手，而感动于德国教育界。至由此思想，而有何种倾向之发生，以下试陈述之。

感觉主义也（以感觉经验为重），合理主义也（以自由之思考、独立之判断为重），自然主义也（排斥人工的方法，循自然之进路），此三者，至十八世纪，令德意志之精神界为之大动，而“吾学时代”或“启蒙时代”之名生焉。伏尔夫，其最初之代表者也，伏氏以自然之法则有神圣之起源，且由吾人之理性而始得发见，始得理会者也。凡事实中，有难构成明了的概念者，勿就而论之。苟无证明，则何事亦不可信。惟有永远的一般的价值者，乃有纯粹、真实、健全之质。其他一切，皆无价值而不必要也。彼又谓宗教之为宗教，必于理性上无矛盾点，不问何时何处，皆可认为真实，又不问何人，皆得而信仰之者。彼以理性为知识及生活一切范围之最高判决者，又最高主宰者云。此种思想，在当时之宗教界，大招非议。各大学于伏氏哲学，皆痛斥之，旋逐氏出普国境。及弗礼特力大王即位，始召还，仍为大学教授。于是启蒙的倾向之胜利，乃由之确实矣。

启蒙时代之第一特点，在力戒盲信盲从。而务于一切范围内，以求赅括一般之理论。其于教育界也，则有芝拉普氏，著《教育学试成》，以期一般的教育理论之成立。彼谓独立之考察，及良心之自由，最有势力。若不待证明，而遽采传来之意见与信仰判断者，则偏见以生，而心镜为之晦矣，泛爱派之教育，盖皆由此思想而出也。又启蒙时代之第二特点，在个人主义，即对寺院、社会、国家之制限及区别，而维持个人之权利。以国家诸制度，为束缚个人者。是故启蒙时代，自然倾于世界主义。又由个人的倾向之关系，遂生自己保存及自己幸福之希望，曰：世界之存，为吾人之生存与幸福故，凡是助利益之增进者，即其为道义的者也。是故泛爱派之教育家，专以增进生徒之最大幸福，为教育之目的。排斥严酷之教法，而专以友爱之情，接近生徒，务令为学于愉快之中。又于卫生体育上，注意周密。为欲应实地生活之必要也，则置重近世语，教授实科，使练习实用的技能，以拓利用厚生之道焉。至置重感觉经验之意见，于启蒙时代亦甚著。如泛爱派，即主张自然的教法者，谓宜从儿童自然发育之次序，以排列教材，由易及难，由近及远，且须预立一定之方案云。至于缺感觉之基础之概念，超出经验之世界之理想，为美术之本体之理想界，则彼等轻视之。以为人之天性，皆能发展，而其发展之也，以善于培养故。教授学术者，须足以扩充其识见，丰富其记忆力，锐敏其判断力，若仅刺激其想象力，则危险矣。巴瑟德于其学校之宗教科，唯统括诸宗派一致之点而用之，名以自然的宗教。又谓构造的童话优于事实的谈话，而对诗歌文学美术则淡然视之。当时之倾向如何，从可知已。

泛爱派之意见，其接触于卢骚之思想者甚多。巴瑟德于其初步教科书，既多引《爱弥耳》之说矣，但竟谓泛爱派全自卢骚思想之结果而生，亦不可。班罗希论两者之关系曰：由卢骚之《爱弥耳》，而使十八世纪之德国教育界生伟大之事业。但人谓此书之价值，在其发表之理论。予谓不然。彼之理论，不足使永续的教育系统因之成立，于法国然，于德国亦然也。惟其时独断的宗教，既经德国哲学者加以激烈而巧妙之攻击，且于精神界，经伏尔夫、莱马克一辈之手，而宗教的宽容思想，既有所准备于前，此书适乘其后而出，所以大有价值也。要之，《爱弥耳》真正之效果，在以既存在既有力之见解，移向教育方面之一点耳。顾仅仅如此，未足促实地教育上之改良也。欲从合理的思想，而一反当代之所为，别立教育组织，必有富于计划之人，始能为功。其人必有胆力，敢辩护其改革的理论；有伎俩，能使君相士庶，皆赞成其新奇之企图；又有确信，能实行其思想，而不致中途挫折。如巴瑟德，即其人也。

一时大擅势力之实学的合理的倾向，至十八世纪末，复渐减其势力，即于哲学界，于美术界，亦对之面生反动焉。向视为认识的能力之理性，今则加以限制，从理法面出之造作，今则加以轻视，而谓内部之有机的发展，自有可贵重者在。盖合理主义，专于有用无用之程度，计事物之价值。其所常致问者，曰：此于增进幸福之上，果有几何效力是也。彼等于国家、权利，科学、技术、哲学、宗教等，皆由此标准考察之。然新思想则异是，彼以事物自身之有价值者，为最高者，而不置利益于目中，因以为吾人之价值，非以其知其能故。

亦非以其为人类之行为，而实际有所作为故，惟以其存在故耳。申言之，即以人之自身，本有目的，故贵重之也。而使人于其自身，所以得有价值者，一以为在于道德，一以为在于人类的天性之发展。前者于汗德之严肃道德主义发表之，后者于新人文派之思想显示之。

汗德以为人常进步而不已，今日开化之人类，其在太古时代，生活与动物同。一切心的能力，今视为人类所固有者，实则经时渐获者耳。而如此发展，即吾人自身活动之结果，非出诸神秘也。人既有动物的禀性，兼有天赋的理性。由其发动，而人类价值之存在，始表现焉。又以为人之完成无限，故其发展无终局，个人自身，虽不得遂完全之发展，然于人类的种族或于社会的团体，得进于改善之道。但人类进步之度已高，而个人之初生也，犹存粗野之状态。故人类有待于教育之力也。

以汗德为一教育论者观之，则彼力主教育势力之大，曰：生物中有以教育为必要者，惟人而已。人惟由教育而始得为人。故教育之事，宜时时谋其改善，必使时代各有进步，以谋人类之完成。又曰：教育之背后，有完全人性之秘密。设能由教育之助，使人性常善发展，至有适于人类之形式，则愉快为何如哉！望人类的种族之未来幸福者，以是为其筦钥矣。汗德既于一方面，最重个人意志之自发的活动；又于他方面，含有今日所谓社会的教育之思想，以为教育之目的有四：一、在调和人之动物性，以抑制其自然的粗野之倾向。二、在增进其才能，俾有足赴一切目的之能力。三、在培养其智识，俾能应时处世，而为自己之目的，使用他人。四、使知人为道德的，由是而达其最高之目的。最后一端，则汗德所最注重者也。从彼之伦理说，则道德云者，非由利益幸福等客观的标准，而当求之于意志之自身，曰：有能应种种目的之才能，未为已也，又必有选择善目的之意志。而所谓目的之善者，即既为各人所承认，又可为各人之目的者是也。

汗德于其哲学，由二方面以观人类。于其教育也亦同，即：一、以人为现象，为从自然之法则者；二、以其具一定能力即实地的理性，而以之为睿知的，为立于自然法则之上，而离脱自然的强迫者。人之预定理想，为实现其理想而活动，此当视为实地的理性之活动。人于此点，盖全在自由之状态者也。故氏之论教育之理也，区为“自然的教育”与“实地的教育”二者。于前者中，以人为从自然之法则者，于后者中，则以之为自由之本体。而氏于自然的教育一面，所述养护及训练上之注意，实采卢骚及泛爱派之思想。彼就心的能力中，以悟性、判断性、理性为最高尚者，而感觉、记忆、想象等能力，则为此高尚性之发展之补助。又以为吾人之心，一面为受动的本体，一面为自动的本体。而即以此哲学的心理的意见，适用于其教授论之上，曰：外物虽生种种感应，然附以整理之条件者，心之自动力为之也。其条件，乃心之先天的所有者，而种种表现由悟性而联关之之形式，亦吾人之先天的所有也。汗德由此思考，故惟承认教授之形式的价值，而以苏格拉底之教授法为最适当，曰：汝勿徒授知识，而当用意于所以开发之术。

汗德之视理性也，一以为理论的能力，一以为实地的能力。前者虽限于现象界，而后者则向他世界，而决定人之意志行动。官能的人类，由愉快或不快之情，而导之于动物的冲动与偏性等，因而倾于利己，使己与他生物不能相容。如斯状态，与本为理性的本体之人类之运命，至相冲突。故人于意志行动，必有一必然的且具普遍的价值之要素，以保持人类之一致。要素何？实地的理性是也。此理性，与官能的冲动反对，由无上之命令，使人排自爱及幸福之动机，而纯然欲善。故吾人之意志，不由经验的事物决之，乃超越自然界之法则，而脱离其制限者也。如是思想，虽使道德益进于尊严，然欲由是解决德育问题，则不免甚难。谓为道德之基础之意志，有超绝的自由之性，而不从经验之法则，不受外界之影响者，则品性果如何陶冶乎？所谓教育势力，能使道德的性格以次发展云云，不几成无意义之言乎？汗德屡以德育为至难解决之一问题，又谓人之改善，以其心情之突然变动，而生更新之状态故。由是观之，汗德实自觉其哲学的心理的思想之结果之困难者也。然氏于他方面，亦深信德育之可能，以为道德的陶冶，当使之从道德的规范而行。不从道德的规范而出之习惯，经年渐失。然道德的规范，足以规定其心性。若吾人之行为，从其所信为正当者而进，则是既有坚确之品性者也。故教育者，于教授道德的规范，最宜致力焉。

汗德谓当时之教育说，仅与人以实地上之忠告，为大不可，欲变机械的教育术为一科学，而以学术的研究之。故纵令彼之所论，与其哲学思想往往不免冲突，然于其心理的伦理的根据，则固能保持勿失也。况当汗德哲学风靡一世之秋，诸家之欲本其思想以组织教育学者，一时辈出。如尼爱摩尔、休怀尔兹其最著者也。即至现代，而新汗德派，尚不惟于哲学界伦理界见之，于教育界亦见之焉。

由合理的实利的倾向之反动，更进而见诗的倾向之勃兴。此倾向一以自由为主，置自然于法则以上，谓世界有不可以理解之者，且于其不可解之点，有真可贵重者在。如威凯尔曼、兰馨以为美术非从法则而造作者，乃由内部而生育者，天才者出，自能以正确之步武，发见正道。如海尔台尔，就自由之人类的性质，说其尊严与美。又如格代谓诗的造作，非由勤劳而得，亦非由理法而立。凡此皆是也。此时之人，于论国民的生活，亦谓为大国民者，非生活于勤劳及理法之中，美术之于人，虽无直接的必要，然实其生活上所必不可缺者也。此倾向与启蒙时代之关系，巴尔善论之最详。

巴尔善曰：启蒙时代，与海尔台尔、格代时代，有根本的区别，称前者为机械的，则可称后者为有机的。在启蒙的精神，以合理的且机械的思考之，而其起原，则在数学的物理学。由格里辽、霍布士、特嘉尔德、斯披洛若而发之新萌芽，经洛克、拉依白尼志、伏尔夫而发展，遂至见启蒙的精神之成立。以为人若视世界，为建筑家之工作，则是先由神明，案出实在，次则由其全能之意志，而使之成立者也。彼于历史的世界，亦以合理的机械的说明之，谓言语、宗教、法律、国家，皆由悟性而案出者，造作者，即美术的制作，亦不外就目的及方面之合理的研究而已。而是时实地教授之状况，亦颇适应其理论。大学及高等学校有教授官，教人以作诗建筑绘画之法，举示其有用之材料及方便，且使生徒等，自为技术的练习焉。然至于次时代，则于一切范围皆舍此工作的思想而不顾矣。海尔台尔、格代与罗曼的克及推究哲学，皆谓从目的之制作，非真知实在之法式。彼为造作之原之自然及人心，有非工作家之计最之考察之且实行之者，所得而比拟焉。曰"有机的成立及生育"，曰"内部的开发"，此即所以观人类的历史界及神明之世界之法式。想象上真正之务作，非以人力为之者，由天才而受胎、而产出者也。若夫以工作的考察之、成就之者，则小细工之类耳……因判定事物价值上之变化，而理论上美术上之思想亦随之而变焉。至新时期，既不由必要上评量物之价值，谓作业不过为某目的之方便故，不足以决定人之价值，其决之者，吾人闲暇时之自由游戏也。此与雅里人德勒重闲暇之作业，命意相同。此时之人，于哲学、诗歌、技术、宗救，皆以使人心力自由活动之一点，视为心的生活之最高内容，即自身本有价值之内容，而谓此内容不能由利益以计之，亦不因之而生何等利益，故附加一属性焉，即谓最高者之本体，乃无用者是也……此时代，以为人类心的天性之十分发展，自有绝对的价值，吾人本体之完全的构成，于其美之精神认见之，而由质素之自然的风气，与智情意之最高尚最自由之陶冶，两相结合，而始得之者也。如是思想，尝于希腊时代一表现之。从希腊国民之人生观，则自由之人，非目的之方便也，非职业之奴隶也，不可为仪式及规约所束缚，办不可为信仰之形式与修学之强迫所制限也。以我为自由之我，与世俗对立，而以存在内部之完整形象印于其生活及本体之上，是即真可谓为人者也。此等人物，可于希腊伟人中求之，政治家之培里格烈斯、诗人之琐福克烈斯、哲学家之柏拉图，是皆受最高之陶冶，而有自然的圆满性之人物也。由斯以观，则人道的陶冶，实即以希腊为模范焉耳。

此新思想，由兰馨、海尔台尔、格代、希尔列尔、芬博德之徒，而鼓吹于时，于是“人道教育”一语遂为教育之理想矣。古语、诗歌、哲学、历史、地理，遂为一重要之学科矣。彼等谓上古世界（就中如希腊）实立人类心的发育之基础，而于其精确完熟之嗜好，及使用言语之最美技能，足为永久之模范。故吾人之考察上及言语方法上，须仿此模范而构成之。于是视古代书籍为美学之真源，为永久之纪念矣。启蒙时代，以人为合理的生物，惟以时地之关系，而偶然相隔相分者。然新人文主义则反之，以一国民为一特殊之有机的本体，于其一切活动，可认见固有生活法之贯通，如言语、宗教、诗歌、风俗习惯及人生观，俱有国民的之特别倾向。故直以他国民之生活移植于本国者，有害也。故其所置重者，不徒在模仿古人。如霍禄邱士之歌而歌，如基开禄之言而言，不足以为名誉也。应现代之时势，从国民之思想，而以今世言语记述其事，使见之者以为基开禄辈复生，亦必如此，斯真足贵重矣！是故在此时代，其教上古文学技术也，欲发扬人道，而使人得人之理想也。其教历史也，为明人类开化之迹，使人知敬爱其所当敬爱者，与憎恶其所当憎恶者而已也。其教地理也，亦然，欲示地球与其国民之教化及风俗习惯，互有关系故也。

新人文派之思想，对彼启蒙的实利之人生观，实为一有力之反动，而二者之争执，迄于今日，犹未已也。至人文的倾向之直接的效果，不亟及于中等以下之教育者，是以其性质为贵重之学科，故在所不免。当时之格母拿吉姆及大学，虽既从新倾向而决定教育之方针，然于普通国民之教育及教授上，犹未显见变化者，良有以也。然其后人道教育之精神，亦既以渐推广，不仅擅势力于社会之一隅。故于普通教育上，已有本是为理想者，如贝斯达禄奇，即是从此倾向，而谋实地教育之改良者也。

以上所述，不过教育思想与哲学之关系之一端。至最近世，因哲学思想之发达，而其关系益复杂，有未易殚述者矣。

教育偶感四则[1]

体罚果可废欤

天下之至弱者，人生亦其一欤。东方之学者曰："匹夫不可夺志。"西方之学者曰："意志自由。"虽然，征之事实，吾人之志果不可夺乎哉？吾人之意志果得自由乎哉？今夫一卷之石，支之以几，则寂然不动。然一旦去其支之之物，则不坠于地不已。无他，因果律为之也。今夫植物枝叶扶疏以趋日光，根垂地中以逐土浆，不知其然，而若有不得不然者。无他，刺冲律为之也。若夫吾人之于动机，其有以异于是乎？就事实上言之，吾人之心，动机之战场耳；吾人之行为，动机之傀儡耳。吾人有特别之性质，对特别之动机，必有特别之行为应之。其有时而不然者，必他种之动机制之也。而此他种之动机，所以能制此种之动机者，必其势力强于此。不然，必其相等者也。顾吾人虽各有特别之性质，而有横于人人性

[1] 按《静安文集》目录中"偶感"作"杂感"。今遵其旧，目录中作"杂感"，正文标题作"偶感"。

质之根柢者，则曰生活之欲。故凡可以保存吾人自己之生活，及吾人之种姓者，其入吾人之知识中，而为其行为之动机也，常什佰于他动机之势力。古今圣哲之所以垂教者，无非欲限制此动机而已。政治与法律，宗教与教育，孰非由此而起乎？今夫御人于国门之外，杀其人而夺其资，此世所谓大憝者也。然非有他动机以制之，吾知迫于生活之欲，而为此者且相踵也。其所以不敢者，必畏死刑之随其后也，不然则畏死后之天罚也，不然则畏舆论之势力，抑由本然之良心有不许其如此者也。故吾人之精神中，亦唯动机与动机之战斗而已。所谓意志之自由者，果安在欤？今之言法律者，则曰废死刑；言教育者，则曰废体罚。死刑与体罚之当废固已，而不图强他种之动机以易之，则其弊余又乌知其所底哉，又乌知其所底哉！

寺院与学校

《易传》曰："立人之道，曰仁与义"，仁之德尚矣。若夫义，则固社会所赖以成立者也。义之于社会也，犹规矩之于方圆，绳墨之于曲直也。社会无是，则为鱼烂之民；国家无是，则为无政府之国。凡社会上之道德，其有积极之作用者，皆可以一"仁"字括之；其有消极之作用者，皆可以一"义"字括之。而其于社会上之作用，则消极之道德，尤要于积极之道德。前者，政治与法律之所维持；后者，宗教与教育之目的也。故《大学》言"平天下"，首言"絜矩之道"，而后言积极之道德。“所恶于前，毋以先后；所恶于后，毋以从前。”消极之道德也，义也。“民之所好，好之；民之所恶，恶之。”积极之道德也，仁也。“己所不欲，勿施于人”，义也；“己欲立而立人，己欲达而达人”，仁也。非义非道，一介不以与人，一介不以取诸人，义也；以斯道觉斯民，仁也。仁之事，非圣哲不能。若夫义，则苟栖息社会以上者，不可须臾离者也。人有生命，有财产，有名誉，有自由，此数者，皆神圣不可侵犯之权利也。苟有侵犯之者，岂特渎一人神圣之权利而已，社会之安宁亦将岌岌不可终日。故有立法者以虑之，有司法者以行之。不然，彼窃盗者果安罪哉？彼迫于饥寒之苦，而图他人锱铢之利，固情之所可恕者也。然法律上所以不能恕之者，则以其危财产之权利也。人苟失其财产之权利，则无储蓄之心，无储蓄之心，则无操作之心。人人不思操作，则社会之根柢摇矣。故凡侵犯他人之生命、财产、自由者，皆社会所谥为不义，而为全社会之大戮者也。故曰义之于社会，其用尤急于仁。仁之事，非圣哲不能，而义之事，则亦得由利己主义推演之，非特社会之保障，亦个人之金城也。今转而观我国之社会，则正义之思想之缺乏，实有可惊者。岂独平民而已，即素号开通之绅士，竟迥然不知正义之为何物！往者，某府有设中学校者，其地邻佛寺，遂以官力兼并寺而有之。僧狼狈迁他所，曰：“嘻，此盗所不为也！”原此寺之建，未必不由社会之物力。然僧侣之居处之、经营之者，且数百年，则其为个人之财产，固已久矣已，乃不顾一切，以强力夺弱者之所有而有之，并使之无所控告。则自僧侣言之，谓之烈于盗贼，诚非过也。设更有强有力者出，夺该校而有之，则创设该校者之感情又当何如？夫使生徒入如此之讲室，居如此之寄宿舍，而欲涵养其正义之德性，岂非却行而求前，南辕而北其辙哉！夫以佛寺与学校较，则似学校有用，而佛寺无用矣。然以建一校，而摇社会之根柢，则其孰得孰失，孰利孰害，宁待知者而决哉！则夫彼之持实利主义者，其于此主义实尚未能贯彻也。夫余岂疾学校而庇游食之民哉？余恶夫正义之德之坠于地也，故不得不辨。

大学及优级师范学校之削除哲学科

《奏定学堂章程》，张制军之所手定。其大致取法日本学制，独于文科大学中削除哲学一科，而以理学科代之。夫理学之于哲学，如二五之于一十。且“理学”之名，为我中国所固有，其改之也固宜。独自其科目之内容观之，则所谓“理学”者，仅指宋以后之学说，而其教授之范围，亦限于此。夫大学之设哲学科，不自日本始也。欧洲中世以降，大学必备医学、法学、哲学、神学四科。德意志之大学，今日犹仍此制，其余各国大学，无不设此科者。今当兴学之始，而独削此科，岂以“性与天道”非中人以下所得闻欤？抑惧诐词邪说之横溢而亟绝之欤？于是，吾人不得不美制军之政策贤于欧洲政治家远矣！抑吾闻叔本华之言曰：“大学之哲学，真理之敌也！真正之哲学，不存于大学。哲学惟恃独立之研究始得发达耳！”然则制军之削此科，抑亦斯学之幸欤？

至于优级师范学校则不然。夫师范学校，所以养成教育家，非养成哲学家之地也。故其视哲学也，不以为一目的，而以为一手段。何则？不通哲学，则不能通教育学，及与教育学相关系之学故也。且夫探宇宙人生之真理，而定教育之理想者，因哲学之事业。然此乃天才与专门家之所为，非师范学校之生徒所能有事也。师范学校之哲学科，仅为教育学之预备，若补助之用，而其不可废亦即存乎此。何则？彼挟宇宙人生之疑惑，而以哲学为一目的而研究之者，必其力足以自达？而无待乎设学校以教之。且宇宙人生之事实，随处可观，而其思索以自己为贵。故大学之不设哲学科，无碍斯学之发达也。若夫师范学校之生徒，其志望惟欲为一教育家，非于哲学上有极大之兴味也，而哲学之与教育学之关系，凡稍读教育学之一二页者，即能言之。今以他学喻之，殆如物理学、化学之与工学之关系；生理学、解剖学之与医学之关系乎。世未有舍物理学、化学而言工学，舍生理学、解剖学而言医学者。今欲舍哲学而言教育学，此则愚所大惑不解者也。

文学与教育

生百政治家不如生一大文学家。何则？政治家与国民以物质上之利益，而文学家与以精神上之利益。夫精神之于物质，二者孰重？且物质上之利益，一时的也；精神上之利益，永久的也。前人政治上所经营者，后人得一旦而坏之。至古今之大著述，苟其著述一日存，则其遗泽且及于千百世而未沫。故希腊之有鄂谟尔也，意大利之有唐旦也，英吉利之有狭斯丕尔也，德意志之有格代也，皆其国人人之所尸而祝之社而稷之者，而政治家无与焉。何则？彼等诚与国民以精神上之慰藉，而国民之所恃以为生命者，若政治家之遗泽，决不能如此广且远也。

今之混混然输入于我中国者，非泰西物质的文明乎？政治家与教育家，坎然自知其不彼若，毅然法之。法之诚是也。然回顾我国民之精神界，则奚若？试问我国之大文学家，有足以代表全国民之精神，如希腊之鄂谟尔、英之狭斯丕尔、德之格代者乎？吾人所不能答也。其所以不能答者，殆无其人欤？抑有之而吾人不能举其人以实之欤？二者必居一焉。由前之说，则我国之文学不如泰西；由后之说，则我国之重文学不如泰西。前说我所不知，至后说则事实较然，无可讳也。我国人对文学之趣味如此，则于何处得其精神之慰藉乎？求之于宗教欤？则我国无固有之宗教，印度之佛教亦久失其生气。求之于美术欤？美术之匮乏，亦未有如我中国者也。则夫蚩蚩之氓，除饮食男女外，非鸦片、赌博之归而奚归乎！故我国人之嗜鸦片也，有心理的必然性，与西人之细腰、中人之缠足，有美学的必然性无以异。不改服制而禁缠足，与不培养国民之趣味而禁鸦片，必不可得之，数也，夫吾国人对文学之趣味既如此，况西洋物质的文明又有滔滔而入中国，则其压倒文学，亦自然之势也。夫物质的文明，取诸他国，不数十年而具矣。独至精神上之趣味，非千百年之培养，与一二天才之出，不及此。而言教育者，不为之谋，此又愚所大惑不解者也！

教学小言十二则

（一）

学部之职，各国所谓伴食大臣也。今朝廷立学部，而以亲贤之枢臣领之。上之视学部，如是其重也；学部之足以有为，如是其易也。学部立二月矣，而不闻发一号、施一令，部臣之于学事，如是其慎也。处甚重之地，乘易为之势，而又临之以谨慎。其有所为也，则世之所以颂祷学部者，当如何？其无所为也，则世之责备之者，又当如何矣？

（二）

今人日日言初等教育，至中等教育则往往谢不敏，若进而主张高等及专门教育，未有不惊其河汉者也。夫以学生修学之次序言之，则先初等、中等，而后及高等教育，固甚当也。若论学问之根柢，与教师之所自出，则初等教育之根柢，存于中等教育；中等教育之根柢，存于高等教育。不兴高等教育，则中等及初等教育，亦均无下手之处。世人之主义，余曩者谓之平凡主义，既而思之，此名尚未适当。彼等实苟且主义也，颠倒主义也。白“师范传习所”，曰“私塾改良会”，尤苟且主义中之苟且者也！

（三）

吾国之所素乏，及现在之所最需要者，高等及中等教育也。若夫初等教育，则夫城市、村落之蒙塾，虽其卤莽灭裂，实甚然，仅可谓之不完全，未可谓之绝无也。至高等教育，则在今日谓之无也可矣。今之君子，动曰小学、小学，然不兴中等教育，则小学之教师，其能贤于昔之蒙塾者几何？不兴高等教育，则中学之教师又安从得乎？兴高等教育，则食其利者，不独初等及中等教育，而二者实于是立其根柢。若但言初等小学，则虽平凡乎，苟且乎，恐平凡、苟且之成绩，亦终不可得也。

（四）

吾人之主义，谓之贵族主义。但所谓贵族主义者，非政治上之贵族主义，而知力上之贵族主义也。夫人类知力之不齐，此彰明较著之事实，无可讳也。初等教育，以普及全国为宗旨，故虽下愚之人，亦有受教育之权利，而国家亦有教育之之义务。初等教育，之所以为最难之事业者，其故半由于此也。若高等教育，其性质则全与此异。今举我全国中学生，而行选拔试验，集其知力之优胜，及稍有普通学及外国文之知识者，约可得数千人。然后与以一、二年严密之预备，而授以专门之学，吾知其成绩，较之外国之蹈小学、中学之次序，而按格而入大学者，必有优无劣也。以今日人才之取乏如彼，而国家待用之亟如此，则育才之方法，未有适于此者也。故贵族主义，今日最适之主义也。况其余润所及，又足以立中学、小学之根柢乎。

（五）

难者曰：如子之说，则今之小学、中学，既无教师矣，则高等教育之教师，又乌乎取之？曰：此非用外人不可。夫外人者，当事者之所患也。患其侵教育权也，患其不得其人也，患得其人而不为用也。夫用舍之权在我，则权何自而侵？至后二者，唯监督者之不得其人斯有之耳。然以观今日监督学堂之人，则其于本国人未必能用之，况外人乎！以监督者之不得其宜，而谓外人之不可用，则未免因噎而废食也！

（六）

高等教育既兴，则外国留学可废。以后海外留学生，限于分科大学卒业生中选之，以研究学术之阃奥。全国官费生，以百余人为额，私费者听之。其大学中未设立之科，则亦得委托外国大学教授。以后分科大学之教师，渐以大学卒业后之留学生，及学力与之相等者代之。如此十年，则分科大学中，除授外国语学外，可无以外国人而担任讲座者矣。此永久之策也。

（七）

留学生之数之多，如我中国之今日，实古今中外之所未闻也。通东西洋之留学生数，不下万人，每人平均岁以五百元计，则岁需五百万元。以此五百万元，兴国中之高等教育，不虞其不足。即令稍有不足，其受教育之人数，必倍于今日之留学生之数无疑也。且留学生之大半，所学者速成政法耳，速成师范耳。以不谙外国语之人，涉数千里之外，学至粗浅之学，而令东京之私立学校，得因之以为市，此日本文部省限制私立学校令之所以发也。而我国留学生之大半，起而争之，曰停课，曰归国，其问题悬至今日而未有所决。此足以窥留学生多数之知识，而昔之勇于派遣者，亦不得不分任其责也。既派遣者已无可如何，后之谋教育者，不可不知所变计矣！

（八）

异哉，我国绅士之势力，竟如此其大乎！吾非谓绅士之不可有势力也，以绅士之不知教育之无异于官也，则不能不惊其势力之大矣。夫教育之事，以明教育者为之则可耳，官可也，绅亦可也。苟一为绅士，而即可以任教育之事，吾不能知绅之有以异于官否也。以今日之某省学会之所陈议观之，余始知绅士之为“万能”之人也！

（九）

世之勇于任教育者，有四途：有以为公益者焉，有以为势力者焉，有以为名高者焉，有以为实利者焉。为公益而为之者，圣贤也；为势力而为之者，豪杰也；为名与利而为之者，小人也。圣贤不可，得豪杰而用之，斯可矣。若夫小人，则以教育为一手段，而不以为目的，虽深明教育之人犹不可用，况乎以群盲而聚乎！

（十）

去岁之冬，我中国学界最多事之时代也，于东京，则有留学生多数之停课；于南京，则有苏学生与赣、皖学生之争额；于苏州，则有苏松太学生与常、镇、淮、扬、徐、海学生之争。东京之事，既如上文所论矣。南京之事，所争者犹省界也。苏州之事，则浸而及府界、县界矣。曾谓我国最有望、最可爱之学生，而量如是狭隘乎？人类同胞之思想，在今日固有所不可行，至于中国人之思想，则凡书左行字而说单独语者，当无不有之。乃以我国最有望、最可爱之学生，而所争者如此，此不能不为教育前途惜者也！

（十一）

管理学堂者湘人，则湘籍之学生居其半额矣。若为闽人、浙人，则闽若浙籍之学生居其半额矣。管理学堂者，以同乡之谊取学生，学生以同乡之力抵抗之，十七省非同乡会之独摈，苏人则亦同乡会之一种也。故我中国，无中国人也，有湘人、浙人、苏人……而已。人初相见，必问贵省。省乎、府乎、县乎，此种陋劣根性，其根柢远存于千百年以前，欲一旦扫除而廓清之，吾知其难也。是在有教育之责者，有以渐而化之矣。

（十二）

以中国之大，当事及学者之众，教育之事之亟，而无一人深究教育学理及教育行政者，是可异已。以余之不知教育，且不好之也，乃不得不作教育上之论文，及教育上之批评，其可悲为如何矣！使教育上之事，余辈可以无言，即欲有言，而有人代为言之也，则岂独我中国教育之幸哉，亦余个人之私幸也！

教育小言十则

（一）

名与实之相背驰也久矣。地方自治也，教育普及也，皆天下至美之名，而其实固非一朝一夕之所能几也。今日之时代，乃预备之时代，而非实行之时代。若以预备为实行，是犹伐一年之木而刈五月之禾，必无效矣。今之言政治、言教育者，殆此类也。

（二）

今日教育行政上之官，非不备也。大、中、小学校之名目，非不具也。苟但以教育为名，则吾不知。如欲养成国民之资格，增进国民之知识，以与列国角逐，则天下之学校，之不在当闭之列者盖寡；而关系教育人员，之不在当淘汰之列者，盖无几矣！

（三）

今有人，籽种未下，而延人食其秋之实；牛羊未字，而约人享其子之肉；未有不笑其愚且妄者也。今未有学校之设备，而设劝学所，此亦前者之类也。

（四）

凡用人之要，一国之中，专任一职之人多，而坐论大局之人少，则一国之事鲜不举矣。一校之中，实行教授之人多，而名为管理之人少，则一校之成绩必可观矣。今日中学以上之监督、庶务、斋务等员（外国此项职员例以教育兼充），小学之堂长、董事等员（今日各地方小学殆无不有董事，而堂长亦鲜有以教员兼充者），犹苦其冗，而复继之以劝学总董、劝学员，是以冗员为未足而又益之也。

（五）

甚矣！行政之事，牵一发而全身俱动也。今欲核定教育经费，非整理全国之财政不可，欲调查学龄儿童，非作全国人口之统计不可。此系度支部、民政部、学部公共之事业，苟财政之预算未定，警察之制度未备，而欲冀教育之普及，虽圣贤豪杰，亦唯有束手坐困而已。

（六）

既限制留学，则国内之高等教育不可不兴。既设劝学所，则初等教育之设备不可不亟。而初等教育之设备，其事关于财政、户口上之大问题，较之高等教育，尤为繁赜。故限制留学之令不必反汗，而劝学所之设，自不可不缓之数年之后也。

（七）

欲兴高等教育，则其教员必聘诸外国矣。今有人欲建一大工厂，则其机器、锅炉必购诸外国，未有用旧日之器械者也。苟我国自有适用之器械、合格之教员，岂不甚善。其如今日之绝无，何而言者谈及用外人，辄以为惧？夫以不习重学、汽学之人，而管理机器，则汽炉必有爆烈之患。以不能用人之人，而统率外人，则外人之不能用，固其所也；以不能用外人之故，而诋外人为不足用，亦犹不明重学之理，而毁机器也。

（八）

今日上所恃以为奔走天下之具者，高官耳，厚禄耳，其上者则知用礼貌矣。善用人者，固不能不用爵禄与礼貌，然其要尤在能尽其用。夫人之有一长者，未有不自知者也。使上亦能知之，而能尽之，则知己之感，固有视爵禄、礼貌为重者。此郭子仪所以能以奴隶役浑瑊，而海兰察所以甘受阿桂之怒骂者也。用中人然，用外人亦然。夫彼苟能为我用，则安有揽权、旷职之弊，如人人所惧者哉？若以今日之用人者当之，岂徒外人，虽本国人亦乌见其必能用也！

（九）

吾人所悲者，岂独今日专门之教师不能悉求之本国哉？即此寥寥用人之人，而亦不可多得，则天下人才之消乏何如矣？夫能用人者，必其人之学识等于所用之人，而又有虚心实力之美德。即不然，亦必明白事理，而又素有德望者，然后人敬服之。若此寥寥数十人，而亦不得其人，则不佞所主张高等教育之计划，亦终于失败矣。

（十）

专门学教师之非外人所能胜任者，其他日之文科大学乎？其中之授外国哲学、外国文学者，固聘诸他国而有余。至欲求经学、国史、国文学之教师，则遗老尽矣。其存者，或笃老，或病废，故致之不易。就使能致，或学问虽博，而无一贯之系统，或迂疏自是，而不屑受后进之指挥，不过如商彝、周鼎，借饰观瞻而已。故今后之文科大学，苟经学、国文学等，无合格之教授，则宁虚其讲座，以俟生徒自己之研究，而专授以外国哲学、文学之大旨。既通外国之哲学、文学，则其研究本国之学术，必有愈于当日之耆宿者矣。故真正之经学、国史、国文学之专门家，不能不望诸此辈之生徒，而非今日之所能得也。

教育小言十三则

（一）

今有一厂主，集群职工而谕之曰：汝等各勤汝职，数年后余将使汝治会计，事少而偿多，足以剂汝今日之劳矣，汝等虽不娴，余不汝责也。群职工大喜，日夜以希主人之所以许之者，事益不治。呜呼！如斯厂者，为职工计，诚得矣。其如一厂之资本何？余以为，今之以官爵奖励人才者，实无以异于此也。

（二）

今之世界，分业之世界也。一切学问，一切职事，无往而不需特别之技能、特别之教育。一习其事，终身以之。治一学者之不能使治他学；任一职者之不能使任他职，犹金工之不能使为木工，矢人之不能使为函人也。

（三）

今之用人，行政者则殊异乎是。夫天下之事至繁赜也，所需之人才至纷沓也，而上所以驭之者至简，始则以“洋服”二字括之，继则以“新学”或“新政”二字括之。其所以奔走之者尤简，则以“官”之一字括之。

（四）

夫治官之事，而以官奔走之，犹可言也。然必须所与之官与其所治之事相合，然后在上者能收其用，而在下者能尽其职。今则不然，师范生服务期满，则与以官矣；高等教育之卒业者，亦与以官矣。

（五）

夫官之名，至广莫也；种类，至复杂也。以能任一事之才，而与以至广漠之名，使之他日治不可知之事，比之厂主之使职工治会计者，其智之相越盖不远矣。

（六）

且官之为物，兼劳动与报酬二义。其所受之报酬，即所以偿其同时之劳动，非可以为奖励之具也。如以是为奖励，则人之得之者，必但注意于报酬之一面，而忘其劳动之一面。不然，则奖励之谓何矣？且师范生服务期限止于五年，以五年之劳动而于相当之报酬外，又得终身之报酬，为劳动者计，则得矣。上之所以报之者，独不虑有所不给乎？

（七）

吾国下等社会之嗜好，集中于“利”之一字。上、中社会之嗜好，亦集中于此，而以官为利之代表，故又集中于“官”之一字。夫欲以一、二人之力，拂社会全体之嗜好，以成一事，吾知其难也。知拂之之不可，而忘夫奖励之之尤不可，此谓能见秋毫之末，而不能见泰山者矣。

（八）

教育者，神圣之事业也。日本之不以教员待教员，而以官待教员，吾人之素所不喜也。然以今日我国上下之趋势观之，则知彼国之以教员为一官职，而即于其中迁转者，真可谓斟酌于教育之独立，与社会人心之趋向之间，而得其平者矣。

（九）

夫教员、医生、政治家、法律家、工学家之学，固职业的学问也。对此等学问家，而以其职业上相当之官与之，则上得以收其用，而下得以尽其长，固非徒奖励之为而已。但美其名曰“奖励”、曰“报酬”，而浑其报酬之之物曰“官”，则于用人之目的已失，而其手段又误。如上文之所批评，其理固人人之所易解也。以职业的学问而犹若是，况于非职业的学问乎！

（十）

非职业的学问何？科学、哲学、文学、美术四者是已。治职业者，苟心乎职业外之某物（官），则已不能平心于其职，况乎对非职业的学问家，而与以某种之职业（官）乎？故以官奖励职业，是旷废职业也！以官奖励学问，是剿灭学问也！今以官与服务期满之师范生，非所谓以官奖励职业者乎？以官之媒介之举人、进士予卒业生，非所谓以官奖励学问者乎？上之所以奖励之者如此，无怪举天下不知有职业学问，而惟官之是知也！

（十一）

日本当明治七年间，日人谓其大学校曰官吏制造所。试问我国之制造官吏者，独一大学而已乎？以大学为未足，而又制造之于优级、初级师范学校矣；以国内为未足，而又制造之于国外矣！

（十二）

今之人士之大半，殆舍官以外无他好焉。其表面之嗜好，集中于官之一途，而其里面之意义，则今日道德、学问、实业等，皆无价值之证据也。夫至道德、学问、实业等皆无价值，而惟官有价值，则国势之危险何如矣！社会之趋势既已如此，就令政府以全力补救之，犹恐不及，况复益其薪而推其波乎！

（十三）

故为今日计，政府不可不执消极及积极之二方法。消极之法，则不以官为奖励之具是已；积极之法，则必使道德、学问、实业等有独立之价值，然后足以旋转社会之趋势。然用第二方法而一不慎，则世且有以道德、学问、实业为手段而求官者，失之毫厘，差以千里，此又不可不注意也。

教育小言十则

（一）

学术之绝久矣！昔孔子以老者不教、少者不学为国之不祥。闵子马以原伯鲁之不悦学，而卜原氏之亡。今举天下之人，而不悦学几何？不胥人人为不祥之人，而胥天下而亡也。

（二）

或曰：今日，上之人日言奖励学术，下之人日言研究学术、子曷言其不悦学也？曰：上之奖励之者，以其名也，否则以其可致用也，其为学术自己故而尊之者，几何？下之研究之者，亦以其名也，否则以其可得利禄也，否则以其可致用也，其为学术自己故而研究之者，吾知其不及千分之一也。

（三）

夫然，故今之学者，其治艺者多而治学者少。即号称治学者，其能知学与艺之区别，而不视学为艺者，又几人矣？故其学苟可以得利禄，苟略可以致用，则遂嚣然自足，或以筌蹄视之。彼等于学问，固无固有之兴味，则其中道而止固不足怪也。

（四）

治新学者既若是矣，治旧学者又何如？十年以前，士大夫尚有闭户著书者。今虽不敢谓其绝无，然亦如凤毛麟角矣。夫今日欲求真悦学者，宁于旧学中求之。以研究新学者之真为学问欤？抑以学问为羔雁欤？吾人所不易知，不如深研见弃之旧学者，吾人能断其出于好学之真意故也，然今则何如？

（五）

德清俞氏之殁，几半年矣。俞氏之于学问，固非有所心得。然其为学之敏，与著书之勤，至耄而不衰，固今日学者之好模范也。然于其死也，社会上无铺张之者，亦无致哀悼之词者。计其价值，乃不如以脑病蹈海之留学生。吾国人对学问之兴味如何，亦可于此观之矣。

（六）

然吾人亦非谓今之学者绝不悦学也。即有悦之者、亦无坚忍之志，永久之注意。若是者，其为口耳之学则可矣。若夫绵密之科学，深邃之哲学，伟大之文学，则固非此等学者所能有事也。

（七）

日之暮也，人之心力已耗，行将就床，此时不适于为学，非与人闲话，则但可读杂记、小说耳。人之老也，精力已耗，行将就木，此时亦不适于为学，非枯坐终日，亦但可读杂记、小说耳。今奈何一国之学者，而无朝气、无注意力也。其将就睡欤？抑将就木欤？吾不得而知之。吾但祈孔子与闵子马之言之不验而已矣。

（八）

要之，我国人废学之病，实原于意志之薄弱。而意志薄弱之结果，于废学外又生三种之疾病，曰：运动狂；曰：嗜欲狂；曰：自杀狂。

（九）

前二者之为意志薄弱之结果，人皆知之。至自杀之事，吾人姑不论其善恶如何，但自心理学上观之，则非力不足以副其志而入于绝望之域，必其意志之力不能制其一时之感情，而后出此也。而意志薄弱之社会，反以美名加之，吾人虽不欲科以杀人之罪，其可得乎？

（十）

然则，今日之言教育者，宜如何讲求陶冶意志之道乎？然教育家中，其有强毅之意志者有几？《诗》曰："螟蛉有子，蜾蠃负之，教诲尔子，式榖似之。"此大可为社会前途虑者也。

第五章

学无新旧也，无中西也，
无有用无用也

论近年之学术界

外界之势力之影响于学术，岂不大哉！自周之衰，文王、周公势力之瓦解也，国民之智力成熟于内，政治之纷乱乘之于外，上无统一之制度，下迫于社会之要求，于是诸子九流各创其学说，于道德政治文学上，灿然放万丈之光焰，此为中国思想之能动时代。

自汉以后，天下太平，武帝复以孔子之说统一之。其时新遭“秦火”，儒家唯以抱残守缺为事；其为诸子之学者，亦但守其师说，无创作之思想，学界稍稍停滞矣。

佛教之东适，值吾国思想凋敝之后。当此之时，学者见之，如饥者之得食，渴者之得饮，担簦访道者，接武于葱岭之道；翻经译论者，云集于南北之都。

自六朝至于唐室，而佛陀之教极千古之盛矣。此为吾国思想受动之时代。然当是时，吾国固有之思想与印度之思想互相并行而不相化合。至宋儒出而一调和之，此又由受动之时代出而稍带能动之性质者也。自宋以后以至本朝，思想之停滞略同于两汉，至今日而第二之佛教又见告矣，西洋之思想是也。

今置宗教之方面勿论，但论西洋之学术。元时罗马教皇以希腊以来所谓“七术”（文法、修辞、名学、音乐、算术、几何学、天文学）遗世祖，然其书不传。至明末，而数学与历学，与基督教俱入中国，遂为国家所采用。然此等学术，皆形下之学，与我国思想上无丝毫之关系也。咸、同以来，上海、天津所译书，大率此类。唯近七八年前，侯官严氏（复）所译之赫胥黎《天演论》（赫氏原书名《进化论与伦理学》，译义不全）出，一新世人之耳目，比之佛典，其殆摄摩腾之《四十二章经》乎。嗣是以后，达尔文、斯宾塞之名，腾于众人之口，“物竞天择”之语，见于通俗之文。顾严氏所奉者，英吉利之功利论及进化论之哲学耳，其兴味之所存，不存于纯粹哲学，而存于哲学之各分科。如经济、社会等学，其所最好者也。故严氏之学风，非哲学的，而宁科学的也，此其所以不能感动吾国之思想界者也。近三四年，法国十八世纪之自然主义，由日本之介绍，而入于中国，一时学海波涛沸渭矣。然附和此说者，非出于知识，而出于情意。彼等于自然主义之根本思想，固懵无所知，聊借其枝叶之语以图遂其政治上之目的耳。由学术之方面观之，谓之无价值可也。

其有蒙西洋学说之影响，而改造古代之学说，于吾国思想界上占一时之势力者，则有南海□□□（康有为）之《孔子改制考》《春秋董氏学》，浏阳□□□（谭嗣同）之《仁学》。□（康）氏“以元统天”之说，大有泛神论之臭味，其崇拜孔子也颇模仿基督教，其以预言者自居，又居然抱穆罕默德之野心者也。其震人耳目之处，在脱数千年思想之束缚，而易之以西洋已失势力之迷信，此其学问上之事业不得不与其政治上之企图同归于失败者也。然□（康）氏之于学术非有固有之兴味，不过以之为政治上之手段，《荀子》所谓“今之学者以为禽犊者也”。□（谭）氏之说，则出于上海教会中所译之治心免病法，其形而上学之“以太”说，半唯物论、半神秘论也。人之读此书者，其兴味不在此等幼稚之形而上学，而在其政治上之意见。□（谭）氏此书之目的，亦在此而不在彼，固与南海氏同也。

庚辛以还，各种杂志接踵而起，其执笔者，非喜事之学生，则亡命之逋臣也。此等杂志，本不知学问为何物，而但有政治上之目的，虽时有学术上之议论，不但剽窃灭裂而已。如《新民丛报》中之《汗德哲学》其纰缪十且八九也。其稍有一顾之价值者，则《浙江潮》中某氏之《续无鬼论》，作者忘其科学家之本分，而闯入形而上学，以鼓吹其素朴浅薄之唯物论，其科学上之引证亦甚疏略，然其唯有学术上之目的，则固有可褒者。

又观近数年之文学，亦不重文学自己之价值，而唯视为政治教育之手段，与哲学无异。如此者，其亵渎哲学与文学之神圣之罪，固不可逭，欲求其学说之有价值，安可得也！故欲学术之发达，必视学术为目的，而不视为手段而后可。汗德《伦理学》之格言曰：“当视人人为一目的，不可视为手段。”岂特人之对人当如是而已乎，对学术亦何独不然。然则彼等言政治，则言政治已耳，而必欲读哲学、文学之神圣，此则大不可解者也。

近时之著译与杂志既如斯矣，至学校则何如？中等学校以下，但授国民必要之知识，其无与于思想上之事，固不俟论。京师大学之本科，尚无设立之日，即令设立，而据南皮张尚书之计画，仅足以养成呫哔之俗儒耳。此外私立学校，亦无足以当专门之资格者。唯上海之震旦学校，有丹徒马氏（良）之哲学讲义，虽未知其内容若何，然由其课程观之，则依然三百年前特嘉尔之独断哲学耳。国中之学校如此，则海外之留学界如何？夫同治及光绪初年之留学欧美者，皆以海军制造为主，其次法律而已，以纯粹科学专其家者，独无所闻。其稍有哲学之兴味如严复氏者，亦只以余力及之，其能接欧人深邃伟大之思想者，吾决其必无也。即令有之，亦其无表出之之能力，又可决也。况近数年之留学界，或抱政治之野心，或怀实利之目的，其肯研究冷淡干燥无益于世之思想问题哉！即有其人，然现在之思想界，未受其戋戋之影响，则又可不言而决也。

由此观之，则近数年之思想界，岂特无能动之力而已乎，即谓之未尝受动，亦无不可也。夫西洋思想之入我中国为时无几，诚不能与六朝唐室之于印度较，然西洋之思想与我中国之思想，同为入世间的，非如印度之出世间的思想，为我国古所未有也。且重洋交通，非有身热头痛之险，文字易学，非如佉卢之难也，则我国思想之受动，宜较昔日为易，而顾如上所述者何哉？盖佛教之入中国，帝王奉之，士夫敬之，蚩蚩之氓，膜拜而顶礼之，且唐宋以前，孔子之一尊未定，

"道统"之说未起，学者尚未有入主出奴之见也，故其学易盛，其说易行。今则大学分科不列哲学，士夫谈论，动诋异端，国家以政治上之骚动，而疑西洋之思想皆酿乱之麹糵；小民以宗教上之嫌忌，而视欧、美之学术皆两约之悬谈。且非常之说，黎民之所惧；难知之道，下士之所笑。此苏格拉底之所以仰药，婆鲁诺之所以焚身，斯披诺若之所以破门，汗德之所以解职也。其在本国且如此，况乎在风俗文物殊异之国哉！则西洋之思想之不能骤输入我中国，亦自然之势也。况中国之民固实际的而非理论的，即令一时输入，非与我中国固有之思想相化，决不能保其势力。观夫"三藏"之书已束于高阁，两宋之说犹习于学官，前事之不忘，来者可知矣。

然由上文之说，而遂疑思想上之事，中国自中国，西洋自西洋者，此又不然。何则？知力人人之所同有，宇宙人生之问题，人人之所不得解也。具有能解释此问题之一部分者，无论其出于本国或出于外国，其偿我知识上之要求而慰我怀疑之苦痛者，则一也。同此宇宙，同此人生，而其观宇宙人生也，则各不同。以其不同之故，而遂生彼此之见，此大不然者也，学术之所争，只有是非真伪之别耳。于是非真伪之别外，而以国家、人种、宗教之见杂之，则以学术为一手段，而非以为一目的也。未有不视学术为一目的而能发达者，学术之发达，存于其独立而已。然则吾国今日之学术界，一面当破中外之见，而一面毋以为政论之手段，则庶可有发达之日欤？

最近二三十年中国新发见之学问

古来新学问起，大都由于新发见。有孔子壁中书出，而后有汉以来古文家之学。有赵宋古器出，而后有宋以来古器物、古文字之学。惟晋时汲冢竹简出土后，即继以永嘉之乱，故其结果不甚著然。同时杜元凯注《左传》，稍后郭璞注《山海经》，已用其说，而《纪年》所记禹、益、伊尹事，至今成为历史上之问题。然则，中国纸上之学问，赖于地下之学问者，固不自今日始矣。自汉以来，中国学问上之最大发现有三：一为孔子壁中书，二为汲冢书，三则今之殷虚甲骨文字、敦煌塞上及西域各处之汉晋木简、敦煌千佛洞之六朝及唐人写本书卷、内阁大库之元明以来书籍档册。此四者之一，已足当孔壁、汲冢所出，而各地零星发见之金石书籍于学术有大关系者，尚不与焉。故今日之时代，可谓之发见时代，自来未有能比者也。今将此二三十年发见之材料并学者研究之结果，分五项说之：

（一）殷虚甲骨文字

此殷代卜时命龟之辞，刊于龟甲及牛骨上，光绪戊戌己亥间始出于河南彰德府西北五里之小屯。其地在洹水之南，水三面环之，《史记·项羽本纪》所谓"洹水南，殷虚上者"也。初出土后，潍县估人得其数片，以售之福山王文敏（懿荣）。文敏命秘其事，一时所出，先后皆归之。庚子，文敏殉难，其所藏皆归丹徒刘铁云（鹗）。铁云复命估人搜之河南，所藏至三四千片。光绪壬寅，刘氏选千余片影印，传世所谓《铁云藏龟》是也。丙午，上虞罗叔言参事始官京师，复令估人大搜之。于是，丙丁以后，所出多归罗氏。自丙午至辛亥，所得约二、三万片。而彰德长老会牧师明义士（T.M.Menzies），所得亦五、六千片。其余散在各家者，尚近万片。近十年中乃不复出。其著录此类文字之书，则《铁云藏龟》外，有罗氏之《殷虚书契前编》《殷虚书契后编》《殷虚书契菁华》《铁云藏龟之余》、日本林泰辅博士之《龟甲兽骨文字》、明义士之《殷虚卜辞》（The Oracle Records of the Waste of Yin）、哈同氏之《戬寿堂所藏殷虚文字》，凡八种。而研究其文字者，则瑞安孙仲容比部始于光绪甲辰，撰《契文举例》；罗氏于宣统庚戌撰《殷商贞卜文字考嗣》、撰《殷虚书契考释》《殷虚书契待问编》等。商承祚氏之《殷虚文字类编》，复取材于罗氏改定之稿。而《戬寿堂所藏殷虚文字》，余亦有考释。此外，孙氏之《名原》，亦颇审释骨甲文字，然与其《契文举例》，皆仅据《铁云藏龟》为之，故其说不无武断。审释文字。自以罗氏为第一。其考定小屯之为故殷虚，及审释殷帝王名号，皆由罗氏发之。

余复据此种材料，作《殷卜辞中所见先公先王考》，以证《世本》《史记》之为实录，作《殷周制度论》，以比较二代之文化。然此学中所可研究发明之处尚多，不能不有待于后此之努力也。

（二）敦煌塞上及西域各地之简牍

汉人木简，宋徽宗时已于陕右发见之。靖康之祸，为金人索之而去。当光绪中叶，英印度政府所派遣之匈牙利人斯坦因博士（M.Aurel Stein），访古于我和阗（Khotan），于尼雅河下流废址，得魏晋间人所书木简数十枚。嗣于光绪季年，先后于罗布淖尔东北故城，得晋初人书木简百余枚，于敦煌汉长城故址，得两汉人所书木简数百枚，皆经法人沙畹教授（Ed.Chavannes）考释。其第一次所得，印于斯氏“和阗故迹”（Sand-buried Ruins of Khotan）中。第二次所得，别为专书，于癸丑甲寅间出版。此项木简中，有古书、历日、方书，而其大半皆屯戍簿录，于史、地二学关系极大。癸丑冬日，沙畹教授寄其校订未印成之本于罗叔言参事，罗氏与余重加考订，并斯氏在和阗所得者，景印行世，所谓《流沙坠简》是也。

（三）敦煌千佛洞之六朝唐人所书卷轴

汉晋牍简，斯氏均由人工发掘得之。然同时又有无尽之宝藏，于无意中出世，而为斯氏及法国之伯希和教授携去大半者，则千佛洞之六朝及唐、五代、宋初人所书之卷子本是也。千佛洞本为佛寺，今为道士所居。当光绪中叶，道观壁坏，始发见古代藏书之窟室，其中书籍居大半，而画幅及佛家所用幡幢等，亦杂其中。余见湮阳端氏所藏。敦煌出开宝八年灵修寺尼画观音像，乃光绪己亥所得。又乌程蒋氏所藏，沙州曹氏二画像，乃光绪甲辰以前，叶鞠裳学使（昌炽）视学甘肃时所收，然中州人皆不知。至光绪丁未，斯坦因氏与伯希和氏（Paul Pelliot），先后至敦煌，各得六朝人及唐人所写卷子本书数千卷，及古梵文、古波斯文及突厥、回鹘诸国文字无算，我国人始稍稍知之，乃取其余约万卷，置诸学部所立之京师图书馆。前后复经盗窃散归私家者，亦当不下数千卷，其中佛典居百分之九五，其四部书为我国宋以后所久佚者。经部有未改字《古文尚书孔氏传》、未改字《尚书释文》、糜信《春秋谷梁传解释》《论语郑氏注》、陆法言《切韵》等，史部则有孔衍《春秋后语》、唐西州、沙州诸《图经》、慧超《往五天竺国传》等（以上并在法国），子部则有《老子化胡经》《摩尼教经》《景教经》，集部有唐人词曲及通俗诗、小说各若干种。己酉冬日，上虞罗氏就伯氏所寄影本，写为《敦煌石室遗书》，排印行世。越一年，复印其景本为《石室秘宝》十五种。又五年，癸丑，复刊行《鸣沙石室逸书》十八种。又五年，戊午，刊行《鸣沙石室古籍丛残》三十种。皆巴黎国民图书馆之物。而英伦所藏，则武进董授经（康）、日本狩野博士（直喜）、羽田博士（亨）、内藤博士（虎次郎），虽各抄录景照若干种，然未有出版之日也。

（四）内阁大库之书籍档案

内阁大库，在旧内阁衙门之东，临东华门内通路，素为典籍厅所掌。其所藏书籍居十之三，档案居十之七。其书籍多明文渊阁之遗，其档案则有历朝政府所奉之朱谕、臣工缴进之敕谕、批折、黄本、题本、奏本，外藩属国之表章，历科殿试之大卷。宣统元年，大库屋坏，有司缮完，乃暂移于文华殿之两庑。然露积库垣内尚半时，南皮张文襄（之洞）管学部事，乃奏请：以阁中所藏四朝书籍，设京师图书馆，其档案则置诸国子监之南学，试卷等置诸学部大堂之后楼。壬子以后，学部及南学之藏，复移于午门楼上之历史博物馆。越十年，馆中复以档案四之三，售诸故纸商，其数凡九千麻袋。将以造还魂纸，为罗叔言所闻，三倍其价购之，商人移贮于彰义门之善果寺。而历史博物馆之剩余，亦为北京大学取去，渐行整理，其目在大学日刊中。罗氏所得，以分量太多，仅整理其十分之一，取其要者，汇刊为《史料丛刊》十册，其余今归德化李氏。

（五）中国境内之古外族遗文

中国境内，古今所居外族甚多。古代匈奴、鲜卑、突厥、回纥、契丹、西夏诸国，均立国于中国北陲，其遗物颇有存者，然世罕知之。惟元时耶律铸见突厥阙特勤碑及辽太祖碑。当光绪己丑，俄人拉特禄夫访古于蒙古，于元和林故城北，访得突厥阙特勤碑、苾伽可汗碑、回鹘九姓可汗三碑。突厥二碑，皆有中国、突厥二种文字，回鹘碑并有粟特文字。及光绪之季，英、法、德、俄四国探险队，入新疆、所得外族文字写本尤伙。其中除梵文、佉卢文、回鹘文外，更有三种不可识之文字。旋发见其一种为粟特语，而他二种则西人假名之曰“第一言语”“第二言语”，后亦渐知为吐火罗语及东伊兰语。此正与玄奘《西域记》所记三种语言相合。粟特语即玄奘之所谓“窣利”，吐火罗即玄奘之“睹货逻”，其东伊兰语则其所谓“葱岭以东诸国语”也。当时粟特、吐火罗人多出入于我新疆，故今日犹有其遗物。惜我国人尚未有研究此种古代语者，而欲研究之，势不可不求之英、法、德诸国。惟宣统庚戌，俄人柯智禄夫大佐，于甘州古塔，得西夏文字书。而元时所刻河西文《大藏经》，后亦出于京师，上虞罗福苌乃始通西夏文之读。今苏俄使馆参赞伊凤阁博士（Ivanoff），更为西夏语音之研究，其结果尚未发表也。

此外，近三十年中，中国古金石、古器物之发见，殆无岁无之，其于学术上之关系，亦未必让于上五项。然以零星分散，故不能一一缕举，惟此五者，分量最多，又为近三十年中特有之发见，故比而述之。然此等发见物，合世界学者之全力研究之，其所阐发尚未及其半，况后此之发见，亦正自无穷。此不能不有待少年之努力也！

论新学语之输入

近年文学上有一最著之现象，则新语之输入是已。夫言语者，代表国民之思想者也，思想之精粗广狭，视言语之精粗广狭以为准，观其言语，而其国民之思想可知矣。

周、秦之言语，至翻译佛典之时代而苦其不足；近世之言语，至翻译西籍时而又苦其不足，是非独两国民之言语间有广狭精粗之异焉而已，国民之性质各有所特长，其思想所造之处各异故。其言语或繁于此而简于彼，或精于甲而疏于乙，此在文化相若之国犹然，况其稍有轩轾者乎？抑我国人之特质，实际的也，通俗的也；西洋人之特质，思辨的也，科学的也，长于抽象而精于分类，对世界一切有形无形之事物，无往而不用综括（Generalization）及分析（Specification）之二法，故言语之多，自然之理也。吾国人之所长，宁在于实践之方面，而于理论之方面则以具体的知识为满足，至分类之事，则除迫于实际之需要外，殆不欲穷究之也。夫战国议论之盛，不下于印度六哲学派及希腊诡辩学派之时代。然在印度，则足目出，而从“数论”“声论”之辩论中抽象之而作因明学，陈那继之，其学遂定。希腊则有雅里大德勒自哀利亚派诡辩学派之辩论中抽象之而作名学。而在中国则惠施、公孙龙等所谓名家者流，徒骋诡辩耳，其于辩论思想之法则，固彼等之所不论，而亦其所不欲论者也。故我中国有辩论而无名学，有文学而无文法，足以见抽象与分类二者，皆我国人之所不长，而我国学术尚未达自觉（Self-consciousness）之地位也。况于我国夙无之学，言语之不足用岂待论哉。夫抽象之过往往泥于名而远于实，此欧洲中世学术之一大弊，而今世之学者犹或不免焉。乏抽象之力者，概则用其实而不知其名，其实亦遂漠然无所依，而不能为吾人研究之对象。何则？在自然之世界中，名生于实，而在吾人概念之世界中，实反依名而存故也。事物之无名者，实不便于吾人之思索，故我国学术而欲进步乎，则虽在闭关独立之时代犹不得不造新名，况西洋之学术骎骎而入中国，则言语之不足用固自然之势也。

如上文所说，言语者，思想之代表也，故新思想之输入，即新言语输入之意味也。十年以前，西洋学术之输入，限于形而下学之方面，故虽有新字新语，于文学上尚未有显著之影响也。数年以来，形上之学渐入于中国，而又有一日本焉，为之中间之驿骑，于是日本所造译西语之汉文，以混混之势，而侵入我国之文学界。好奇者滥用之，泥古者唾弃之，二者皆非也。夫普通之文字中，固无事于新奇之语也，至于讲一学，治一艺，则非增新语不可。而日本之学者既先我而定之矣，则沿而用之何不可之有，故非甚不妥者，吾人固无以创造为也。侯官严氏，今日以创造学语名者也。严氏造语之工者固多，而其不当者亦复不少。兹笔其最著者如“Evolution”之为“天演”也，“Sympathy”之为“善相感”也。而“天演”之于“进化”，“善相感”之于“同情”，其对“Evolution”与“Sympathy”之本义，孰得孰失，孰明孰昧，凡稍有外国语之知识者，宁俟终朝而决哉？又西洋之新名，往往喜以不适当之古语表之。如译“Space（空间）”为“宇”，“Time（时间）”为“宙”是已。夫谓“Infinite Space（无限之空间）”“Infinite Time（无限之时间）”曰“宇”曰“宙”可矣，至于一孔之隙，一弹指之间，何莫非空间、时间乎？空间、时间之概念，足以该宇宙，而宇宙之概念，不足以该空间、时间。以“宇宙”表“Space Time”，是举其部分而遗其全体（自概念上论）也。以外类此者，不可胜举。夫以严氏之博雅而犹若是，况在他人也哉！且日人之定名，亦非苟焉而已，经专门数十家之考究，数十年之改正，以有今日者也。窃谓节取日人之译语，有数便焉：因袭之易，不如创造之难，一也；两国学术有交通之便，无扞格之虞，二也。（叔本华讥德国学者，于一切学语不用拉丁语，而用本国语，谓“如英法学者、亦如德人之愚，则吾侪学一专门之学语，必学四五度而后可”。其言颇可味也。）有此二便，而无二难，又何嫌何疑而不用哉？

虽然，余非谓日人之译语必皆精确者也。试以吾心之现象言之，如“Idea”为“观念”，“Intuition”之为“直观”，其一例也。夫“Intuition”者，谓吾心直觉五官之感觉，故听、嗅、尝、触，苟于五官之作用外加以心之作用，皆谓之“Intuition”，不独目之所观而已。“观念”亦然。观念者，谓直观之事物。其物既去，而其象留于心者，则但谓之观，亦有未妥，然在原语亦有此病，不独译语而已。“Intuition”之语，源出于拉丁之“In”及“tuitus”二语。“tuitus”者，观之意味也，盖观之作用，于五官中为最要，故悉取由他官之知觉，而以其最要之名名之也。“Idea”之语，源出于希腊语之“Idea”及“Idein”，亦观之意也。以其源来自五官，故谓之观；以其所观之物既去而象尚存，故谓之念。或有谓之“想念”者，然考张湛《列子注序》所谓“想念以著物自丧”者，则“想念”二字，乃伦理学上之语，而非心理学上之语，其劣于观念也审矣。至“Conception”之为“概念”，苟用中国古语，则谓之“共名”亦可（《荀子》《正名篇》）。然一为名学上之语，一为文法上之语，苟混此二者，此灭名学与文法之区别也。由上文所引之例观之，则日人所定之语，虽有未精确者，而创造之新语，卒无以加于彼，则其不用之也谓何？要之，处今日而讲学，已有不能不增新语之势，而人既造之，我沿用之，其势无便于此者矣。

然近人之唾弃新名词，抑有由焉，则译者能力之不完全是也。今之译者（指译日本书籍者言），其有解日文之能力者，十无一二焉，其有国文之素养者，十无三四焉，其能兼通西文，深知一学之真意者，以余见闻之狭，殆未见其人也。彼等之著译，但以罔一时之利耳，传知识之思想彼等先天中所未有也，故其所作，皆粗漏庞杂，佶屈而不可读。然因此而遂欲废日本已定之学语，此又大不然者也。若谓用日本已定之语，不如中国古语之易解，然如侯官严氏所译之《名学》，古则古矣，其如意义之不能了然，何以吾辈稍知外国语者观之，毋宁手穆勒《原书》之为快也。余虽不敢谓用日本已定之语必贤于创造，然其精密则固创造者之所不能逮（日本人多用双字，其不能通者，则更用四字以表之。中国则习用单字，精密不精密之分，全在于此。）而创造之语之难解，其与日本已定之语相去又几何哉！若夫粗漏佶屈之书，则固吾人之所唾弃，而不俟踌躇者也。

《静安文集》自序

余之研究哲学，始于辛壬之间。癸卯春，始读汗德之《纯理批评》，苦其不可解，读几半而辍。嗣读叔本华之书而大好之。自癸卯之夏，以至甲辰之冬，皆与叔本华之书为伴侣之时代也。其所尤惬心者，则在叔本华之知识论，汗德之说得因之以上窥。然于其人生哲学观，其观察之精锐，与议论之犀利，亦未尝不心怡神释也。后渐觉其有矛盾之处，去夏所作《红楼梦评论》，其立论虽全在叔氏之立脚地，然于第四节内已提出绝大之疑问。旋悟叔氏之说，半出于其主观的气质，而无关于客观的知识。此意于《叔本华与尼采》一文中始畅发之。今岁之春，复返而读汗德之书，嗣今以后，将以数年之力，研究汗德。他日稍有所进，取前说而读之，亦一快也。故并诸杂文刊而行之，以存此二三年间思想上之陈迹云尔。

光绪三十一年秋八月，海宁王国维自序。

自序

岁月不居，时节如流，犬马之齿，已过三十。志学以来，十有余年，体素羸弱，不能锐进于学。进无师友之助，退有生事之累，故十年所造，遂如今日而已。然此十年间进步之迹，有可言焉。夫怀旧之感，恒笃于暮年；进取之方，不容于反顾。余年甫壮，而学未成，冀一篑以为山，行百里而未半。然举前十年之进步，以为后此十年、二十年进步之券，非敢自喜，抑亦自策励之一道也。余家在海宁，故中人产也，一岁所入，略足以给衣食。家有书五六箧，除《十三经注疏》为儿时所不喜外，其余晚自塾归，每泛览焉。十六岁，见友人读《汉书》而悦之，乃以幼时所储蓄之岁朝钱万，购《前四史》于杭州，是为平生读书之始。时方治举子业，又以其间学骈文、散文，用力不专，略能形似而已。未几而有甲午之役，始知世尚有所谓学者。家贫不能以资供游学，居恒怏怏，亦不能专力于是矣。二十二岁正月，始至上海，主《时务报》馆，任书记校雠之役。二月而上虞罗君振玉等私立之“东文学社”成，请于馆主汪君康年，日以午后三小时往学焉。汪君许之，然馆事颇剧，无自习之暇，故半年中之进步，不如同学诸子远甚。夏六月，又以病足归里，数月而愈。愈而复至沪，则《时务报》馆已闭，罗君乃使治社之庶务，而免其学资。是时社中教师为日本文学士藤田丰八、田冈佐代治二君。二君故治哲学，余一日见田冈君之文集中，有引汗德、叔本华之哲学者，心甚喜之。顾文字睽隔，自以为终身无读二氏之书之日矣。次年社中兼授数学、物理、化学、英文等，其时担任数学者，即藤田君。君以文学者而授数学，亦未尝不自笑也。顾君勤于教授，其时所用藤泽博士之算术、代数两教科书，问题殆以万计，同学三四人者，无一问题不解，君亦无一不校阅也。又一年，而值“庚子之变”，学社解散。盖余之学于“东文学社”也，二年有半，而其学英文亦一年有半。时方毕第三读本，乃购第四第五读本，归里自习之。日尽一二课，必以能解为度，不解者且置之。而北乱稍定，罗君乃助以资，使游学于日本。亦从藤田君之劝，拟专修理学。故抵日本后，昼习英文，夜至物理学校习数学。留东京四五月而病作，遂以是夏归国。自是以后，遂为独学之时代矣。体素羸弱，性复忧郁，人生之问题，日往复于吾前。自是始决从事于哲学，而此时为余读书之指导者，亦即藤田君也。次岁春，始读翻尔彭之《社会学》，及文之《名学》、海甫定《心理学》之半。而所购哲学之书亦至，于是暂辍心理学而读巴尔善之《哲学概论》，文特尔彭之《哲学史》，当时之读此等书，固与前日之读英文读本之道无异。幸而已得读日文，则与日文之此类书参照而观之，遂得通其大略。既卒《哲学概论》《哲学史》，次年始读汗德之《纯理批评》。至《先天分析论》几全不可解，更辍不读，而读叔本华之《意志及表象之世界》一书。叔氏之书，思精而笔锐。是岁前后读二过，次及于其《充足理由之原则论》《自然中之意志论》，及其文集等。尤以其《意志及表象之世界》中《汗德哲学之批评》一篇，为通汗德哲学关键。至二十九岁，更返而读汗德之书，则非复前日之窒碍矣。嗣是于汗德之《纯理批评》外，兼及其伦理学及美学。至今年从事第四次之研究，则窒碍更少，而觉其窒碍之处大抵其说之不可持处而已。此则当日志学之初所不及料，而在今日亦得以自慰藉者也。此外如洛克、休蒙之书，亦时涉猎及之。近数年来为学之大略如此。顾此五六年间，亦非能终日治学问，其为生活故而治他人之事，日少则二三时，多或三四时，其所用以读书者，日多不逾四时，少不过二时。过此以往则精神涣散，非与朋友谈论，则涉猎杂书。唯此二三时间之读书，则非有大故，不稍间断而已。夫以余境之贫薄，而体之孱弱也，又每日为学时间之寡也，持之以恒，尚能小有所就，况财力精力之倍于余者，循序而进，其所造岂有量哉！故书十年间之进步，非徒以为责他日进步之券，亦将以励今之人使不自馁也。若夫余之哲学上及文学上之撰述，其见识、文采亦诚有过人者，此则汪氏中所谓“斯有天致，非由人力，虽情苻曩哲，未足多矜”者，固不暇为世告焉。

自序二

前篇既述数年间为学之事，兹复就为学之结果述之：余疲于哲学有日矣。哲学上之说，大都可爱者不可信，可信者不可爱。余知真理，而余又爱其谬误。伟大之形而上学，高严之伦理学，与纯粹之美学，此吾人所酷嗜也。然求其可信者，则宁在知识论上之实证论，伦理学上之快乐论，与美学上之经验论。知其可信而不能爱，觉其可爱而不能信，此近二三年中最大之烦闷，而近日之嗜好所以渐由哲学而移于文学，而欲于其中求直接之慰藉者也。要之，余之性质，欲为哲学家则感情苦多，而知力苦寡；欲为诗人，则又苦感情寡而理性多。诗歌乎？哲学乎？他日以何者终吾身，所不敢知，抑在二者之间乎？

今日之哲学界，自赫尔德曼以后，未有敢立一家系统者也。居今日而欲自立一新系统，自创一新哲学，非愚则狂也。近二十年之哲学家，如德之芬德，英之斯宾塞尔，但搜集科学之结果，或古人之说而综合之、修正之耳。此皆第二流之作者，又皆所谓可信而不可爱者也。此外所谓哲学家，则实哲学史家耳。以余之力，加之以学问，以研究哲学史，或可操成功之券。然为哲学家，则不能；为哲学史，则又不喜，此亦疲于哲学之一原因也。

近年嗜好之移于文学，亦有由焉，则填词之成功是也。余之于词，虽所作尚不及百阕，然自南宋以后，除一二人外，尚未有能及余者。则平日之所自信也，虽比之五代、北宋之大词人，余愧有所不如，然此等词人，亦未始无不及余之处。因词之成功，而有志于戏曲，此亦近日之奢愿也。然词之于戏曲，一抒情，一叙事，其性质既异，其难易又殊。又何敢因前者之成功，而遽冀后者乎？但余所以有志于戏曲者，又自有故。吾中国文学之最不振者，莫戏曲若，元之杂剧，明之传奇，存于今日者，尚以百数。其中之文字，虽有佳者，然其理想及结构，虽欲不谓至幼稚，至拙劣，不可得也。国朝之作者，虽略有进步，然比诸西洋之名剧，相去尚不能以道里计。此余所以自忘其不敏，而独有志乎是也。然目与手不相谋，志与力不相副，此又后人之通病。故他日能为之与否，所不敢知，至为之而能成功与否，则愈不敢知矣。

虽然，以余今日研究之日浅，而修养之力乏，而遽绝望于哲学及文学，毋乃太早计乎！苟积毕生之力，安知于哲学上不有所得，而于文学上不终有成功之一日乎？即今一无成功，而得于局促之生活中，以思索玩赏为消遣之法，以自逭于声色货利之域，其益固已多矣。《诗》云：“且以喜乐，且以永日。”此吾辈才弱者之所有事也。若夫深湛之思，创造之力，苟一日集于余躬，则俟诸天之所为欤！俟诸天之所为欤！

第六章

美育者一面使人之感情发达，以达成完美之域

红楼梦评论

第一节　人生及美术之概观

老子曰："人之大患，在我有身。"庄子曰："大块载我以形，劳我以生。"忧患与劳苦之与生，相对待也久矣。夫生者，人人之所欲；忧患与劳苦者，人人之所恶也。然则讵不人人欲其所恶，而恶其所欲欤？将其所恶者，固不能不欲，而其所欲者，终非可欲之物欤？人有生矣，则思所以奉其生：饥而欲食，渴而欲饮，寒而欲衣，露处而欲宫室。此皆所以维持一人之生活者也。然一人之生，少则数十年，多则百年而止耳。而吾人欲生之心，必以是为不足。于是于数十年百年之生活外，更进而图永远之生活：时则有牝牡之欲，家室之累；进而育子女矣，则有保抱、扶持、饮食、教诲之责，婚嫁之务。百年之间，早作而夕思，穷老而不知所终。问有出于此保存自己及种姓之生活之外者乎？无有也。百年之后，观吾人之成绩，其有逾于此保存自己及种姓之生活之外者乎？无有也。又人人知侵害自己及种姓之生活者之非一端也。

于是相集而成一群，相约束而立一国，择其贤且智者以为之君，为之立法律以治之，建学校以教之，为之警察以防内奸，为之陆海军以御外患，使人人各遂其生活之欲而不相侵害：凡此皆欲生之心之所为也。夫人之于生活也，欲之如此其切也，用力如此其勤也，设计如此其周且至也，固亦有其真可欲者存欤？吾人之忧患劳苦，固亦有所以偿之者欤？则吾人不得不就生活之本质，熟思而审考之也。

生活之本质何？“欲”而已矣。欲之为性无厌，而其原生于不足。不足之状态，苦痛是也。既偿一欲，则此欲以终。然欲之被偿者一，而不偿者十百。一欲既终，他欲随之。故究竟之慰藉，终不可得也。即使吾人之欲悉偿，而更无所欲之对象，倦厌之情即起而乘之。于是吾人自己之生活，若负之而不胜其重。故人生者，如钟表之摆，实往复于苦痛与倦厌之间者也，夫倦厌固可视为苦痛之一种。有能除去此二者，吾人谓之曰快乐。然当其求快乐也，吾人于固有之苦痛外，又不得不加以努力，而努力亦苦痛之一也。且快乐之后，其感苦痛也弥深。故苦痛而无回复之快乐者有之矣，未有快乐而不先之或继之以苦痛者也。又此苦痛与世界之文化俱增，而不由之而减。何则？文化愈进，其知识弥广，其所欲弥多，又其感苦痛亦弥甚，故也。然则人生之所欲，既无以逾于生活，而生活之性质又不外乎苦痛，故欲与生活、与苦痛，三者一而已矣。

吾人生活之性质，既如斯矣，故吾人之知识，遂无往而不与生活之欲相关系，即与吾人之利害相关系。就其实而言之，则知识者，固生于此欲，而示此欲以我与外界之关系，使之趋利而避害者也。常人之知识，止知我与物之关系，易言以明之，止知物之与我相关系者，而于此物中，又不过知其与我相关系之部分而已。及人知渐进，于是始知欲知此物与我之关系，不可不研究此物与彼物之关系。知逾大者，其研究愈远焉。自是而生各种之科学：如欲知空间之一部之与我相关系者，不可不知空间全体之关系，于是几何学兴焉。（按：西洋几何学 Geometry 之本义，系量地之意，可知古代视为应用之科学，而不视为纯粹之科学也）欲知力之一部之与我相关系者，不可不知力之全体之关系，于是力学兴焉。吾人既知一物之全体之关系，又知此物与彼物之全体之关系，而立一法则焉，以应用之。于是物之现于吾前者，其与我之关系，及其与他物之关系，粲然陈于目前而无所遁。夫然后吾人得以利用此物，有其利而无其害，以使吾人生活之欲，增进于无穷。此科学之功效也。故科学上之成功，虽若层楼杰观，高严巨丽，然其基址则筑乎生活之欲之上，与政治上之系统立于生活之欲之上无以异。然则吾人理论与实际之二方面，皆此生活之欲之结果也。

由是观之，吾人之知识与实践之二方面，无往而不与生活之欲相关系，即与苦痛相关系。兹有一物焉，使吾人超然于利害之外，而忘物与我之关系。此时也，吾人之心无希望、无恐怖，非复欲之我，而但知之我也。此犹积阴弥月，而旭日杲杲也；犹覆舟大海之中，浮沉上下，而飘著于故乡之海岸也；犹阵云惨淡，而插翅之天使，赍平和之福音而来者也；犹鱼之脱于罾网，鸟之自樊笼出，而游于山林江海也。然物之能使吾人超然于利害之外者，必其物之于吾人无利害之关系而后可，易言以明之，必其物非实物而后可。然则非美术何足以当之乎？夫自然界之物，无不与吾人有利害之关系；纵非直接，亦必间接相关系者也。苟吾人而能忘物与我之关系而观物，则夫自然界之山明水媚，鸟飞花落，固无往而非华胥之国、极乐之土也。岂独自然界而已？人类之言语动作，悲欢啼笑，孰非美之对象乎？然此物既与吾人有利害之关系，而吾人欲强离其关系而观之，自非天才，岂易及此？于是天才者出，以其所观于自然人生中者复现之于美术中，而使中智以下之人，亦因其物之与己无关系，而超然于利害之外。是故观物无方，因人而变：濠上之鱼，庄、惠之所乐也，而渔父袭之以网罟；舞雩之木，孔、曾之所憩也，而樵者继之以斤斧。若物非有形，心无所住，则虽殉财之夫，贵私之子，宁有对曹霸、韩干之马，而计驰骋之乐，见毕宏、韦偃之松，而思栋梁之用；求好逑于雅典之偶，思税驾于金字之塔者哉？故美术之为物，欲者不观，观者不欲；而艺术之美所以优于自然之美者，全存于使人易忘物我之关系也。

而美之为物有二种：一曰优美，一曰壮美。苟一物焉，与吾人无利害之关系，而吾人之观之也，不观其关系，而但观其物；或吾人之心中，无丝毫生活之欲存，而其观物也，不视为与我有关系之物，而但视为外物：则今之所观者，非昔之所观者也。此时吾心宁静之状态，名之曰优美之情，而谓此物曰优美。若此物大不利于吾人，而吾人生活之意志为之破裂，因之意志遁去，而知力得为独立之作用，以深观其物，吾人谓此物曰壮美，而谓其感情曰壮美之情。普通之美，皆属前种。至于地狱变相之图、决斗垂死之像、庐江小吏之诗、雁门尚书之曲，其人固氓庶之所共怜，其遇虽戾夫为之流涕，讵有子颓乐祸之心，宁无尼父反袂之戚，而吾人观之，不厌千复。格人之诗曰：

> “What in life doth only grieve us,
> That in art we gladly see.”
> 凡人生中足以使人悲者，于美术中则吾入乐而观之。

此之谓也。此即所谓壮美之情，而其快乐存于使人忘物我之关系，则固与优美无以异也。

至美术中之与二者相反者，名之曰眩惑。夫优美与壮美，皆使吾人离生活之欲，而入于纯粹之知识者。若美术中而有眩惑之原质乎，则又使吾人自纯粹知识出，而复归于生活之欲。如粔籹蜜饵，《招魂》《启发》之所陈；玉体横陈，周昉、仇英之所绘；《西厢记》之《酬柬》，《牡丹亭》之《惊梦》；伶元之传飞燕，杨慎之赝《秘辛》：徒讽一而劝百，欲止沸而益薪。所以子云有“靡靡”之诮，法秀有“绮语”之诃。

虽则梦幻泡影，可作如是观，而拔舌地狱，专为斯人设者矣。故眩惑之于美，如甘之于辛，火之于水，不相并立者也。吾人欲以眩惑之快乐，医人世之苦痛，是犹欲航断港而至海，入幽谷而求明，岂徒无益，而又增之。则岂不以其不能使人忘生活之欲，及此欲与物之关系，而反鼓舞之也哉？眩惑之与优美及壮美相反对，其故实存于此。

今既述人生与美术之概略如左，吾人且持此标准，以观我国之美术。而美术中以诗歌、戏曲、小说为其顶点，以其目的在描写人生故。吾人于是得一绝大著作曰《红楼梦》。

第二节 《红楼梦》之精神

哀伽尔之诗曰：

"Ye wise men, highly, deeply learned,
Who think it out and know,
How, when and where do all things pair?
Why do they kiss and love?
Ye men of lofty wisdom, say
What happened to me then,
Search out and tell me where, how, when,
And why it happened thus."

译文：嗟汝哲人，靡所不知，靡所不学，既深且跻。粲粲生物，罔不匹俦，各啮厥唇，而相厥攸。匪汝哲人，

> 孰知其故？自何时始，来自何处？嗟汝哲人，渊渊其知。相彼百昌，奚而熙熙？愿言哲人，诏余其故。自何时始，来自何处？

哀伽尔之问题，人人所有之问题，而人人未解决之大问题也。人有恒言曰："饮食男女，人之大欲存焉。"然人七日不食则死，一日不再食则饥。若男女之欲，则于一人之生活上，宁有害无利者也，而吾人之欲之也如此，何哉？吾人自少壮以后，其过半之光阴、过半之事业，所计画、所勤勤者为何事？汉之成、哀，曷为而丧其生？殷辛、周幽，曷为而亡其国？励精如唐玄宗，英武如后唐庄宗，曷为而不善其终？且人生苟为数十年之生活计，则其维持此生活，亦易易耳，曷为其忧劳之度，倍蓰而未有已？记曰："人不婚宦，情欲失半。"人苟能解此问题，则于人生之知识，思过半矣。而蚩蚩者乃日用而不知，岂不可哀也欤！其自哲学上解此问题者，则二千年间，仅有叔本华之《男女之爱之形而上学》耳。诗歌、小说之描写此事者，通古今东西，殆不能悉数，然能解决之者鲜矣。《红楼梦》一书，非徒提出此问题，又解决之者也。彼于开卷即下男女之爱之神话的解释。其叙此书之主人公贾宝玉之来历曰：

> 却说女娲氏炼石补天之时，于大荒山无稽崖，炼成高十二丈、见方二十四丈大的顽石三万六千五百零一块。

那娲皇只用了三万六千五百块，单单剩下一块未用，弃在青埂峰下。谁知此石自经锻炼之后，灵性已通，自去自来，可大可小。因见众石俱得补天，独自己无才，不得入选，遂自怨自艾，日夜悲哀。（第一回）

此可知生活之欲之先人生而存在，而人生不过此欲之发现也。此可知吾人之堕落，由吾人之所欲，而意志自由之罪恶也。夫顽钝者既不幸而为此石矣，又幸而不见用，则何不游于广漠之野、无何有之乡，以自适其适，而必欲入此忧患劳苦之世界，不可谓非此石之大误也。由此一念之误，而遂造出十九年之历史与百二十回之事实，与茫茫大士、渺渺真人何欤？又于第百十七回中，述宝玉与和尚之谈论曰：

“弟子请问师父，可是从太虚幻境而来？”那和尚道：“什么是幻境？不过是来处来，去处去罢了。我是送还你的玉来的。我且问你，你那玉是从哪里来的？”宝玉一时对答不来。那和尚笑道：“你的来路还不知，便来问我！”宝玉本来颖悟，又经点化，早把红尘看破，只是自己的底里未知；一闻那僧问起玉来，好像当头一棒，便说：“你也不用银子了，我把那玉还你罢。”那僧笑道：“早该还我了！”

所谓“自己的底里未知”者，未知其生活乃自己之一念之误，而此念之所自造也。及一闻和尚之言，始知此不幸之生活，由自己之所欲；而其拒绝之也，亦不得由自己，是以有还玉之言。所谓“玉”者，不过生活之欲之代表而已矣。故携入红尘者，非彼二人之所为，顽石自己而已；引登彼岸者，亦非二人之力，顽石自己而已。此岂独宝玉一人然哉？人类之堕落与解脱，亦视其意志而已。而此生活之意志，其于永远之生活，比个人之生活为尤切，易言以明之，则男女之欲，尤强于饮食之欲。何则？前者无尽的，后者有限的也；前者形而上的，后者形而下的也。又如上节所说，生活之于苦痛，二者一而非二，而苦痛之度，与主张生活之欲之度为比例。是故前者之苦痛，尤倍蓰于后者之苦痛。而《红楼梦》一书，实示此生活、此苦痛之由于自造，又示其解脱之道不可不由自己求之者也。

而解脱之道，存于出世，而不存于自杀。出世者，拒绝一切生活之欲者也。彼知生活之无所逃于苦痛，而求入于无生之域。当其终也，恒干虽存，固已形如槁木，而心如死灰矣。若生活之欲如故，但不满于现在之生活，而求主张之于异日，则死于此者，固不得不复生于彼，而苦海之流，又将与生活之欲而无穷。故金钏之堕井也，司棋之触墙也，尤三姐、潘又安之自刎也，非解脱也，求偿其欲而不得者也。彼等之所不欲者，其特别之生活，而对生活之为物，则固欲之而不疑也。故此书中真正之解脱，仅贾宝玉、惜春、紫鹃三人耳。而柳湘莲之入道，有似潘又安；芳官之出家，略同于金钏。故苟有生活之欲存乎，则虽出世而无与于解脱；苟无此欲，则自杀亦未始非解脱之一者也。如鸳鸯之死，彼固有不得已之境遇在；不然，则惜春、紫鹃之事，固亦其所优为者也。

而解脱之中，又自有二种之别：一存于观他人之苦痛，一存于觉自己之苦痛。然前者之解脱，唯非常之人为能，其高百倍于后者，而其难亦百倍。但由其成功观之，则二者一也。通常之人，其解脱由于苦痛之阅历，而不由于苦痛之知识。唯非常之人，由非常之知力，而洞观宇宙人生之本质，始知生活与苦痛之不能相离，由是求绝其生活之欲，而得解脱之道。然于解脱之途中，彼之生活之欲，犹时时起而与之相抗，而生种种之幻影。所谓恶魔者，不过此等幻影之人物化而已矣。故通常之解脱，存于自己之苦痛，彼之生活之欲，因不得其满足而愈烈，又因愈烈而愈不得其满足，如此循环而陷于失望之境遇，遂悟宇宙人生之真相，遽而求其息肩之所。彼全变其气质，而超出乎苦乐之外，举昔之所执著者，一旦而舍之。彼以生活为炉、苦痛为炭，而铸其解脱之鼎。彼以疲于生活之欲故，故其生活之欲，不能复起而为之幻影。此通常之人解脱之状态也。前者之解脱，如惜春、紫鹃；后者之解脱，如宝玉。前者之解脱，超自然的也，神明的也；后者之解脱，自然的也，人类的也。前者之解脱，宗教的；后者美术的也。前者平和的也；后者悲感的也，壮美的也，故文学的也，诗歌的也，小说的也。此《红楼梦》之主人公所以非惜春、紫鹃，而为贾宝玉者也。

呜呼，宇宙一生活之欲而已！而此生活之欲之罪过，即以生活之苦痛罚之：此即宇宙之永远的正义也。自犯罪，自加罚，自忏悔，自解脱。美术之务，在描写人生之苦痛与其解脱之道，而使吾侪冯生之徒，于此桎梏之世界中，离此生活之欲之争斗，而得其暂时之平和，此一切美术之目的也。夫欧洲近世之文学中，所以推格代之《法斯德》为第一者，以其描写博士法斯德之苦痛，及其解脱之途径，最为精切故也。若《红楼梦》之写宝玉，又岂有以异于彼乎？彼于缠陷最深之中，而已伏解脱之种子：故听《寄生草》之曲，而悟立足之境；读《胠箧》之篇，而作焚花散麝之想。所以未能者，则以黛玉尚在耳，至黛玉死而其志渐决。然尚屡失于宝钗，几败于五儿，屡蹶屡振，而终获最后之胜利。读者观自九十八回以至百二十回之事实，其解脱之行程，精进之历史，明了真切何如哉！且法斯德之苦痛，天才之苦痛；宝玉之苦痛，人人所有之苦痛也。其存于人之根柢者为独深，而其希救济也为尤切，作者一一掇拾而发挥之。我辈之读此书者，宜如何表满足感谢之意哉？而吾人于作者之姓名，尚有未确实之知识。岂徒吾侪寡学之羞，亦足以见二百余年来，吾人之祖先对此宇宙之大著述如何冷淡遇之也？谁使此大著述之作者不敢自署其名？此可知此书之精神大背于吾国人之性质，及吾人之沉溺于生活之欲而乏美术之知识有如此也。然则予之为此论，亦自知有罪也夫。

第三节 《红楼梦》之美学上之价值

如上节之说，吾国人之精神，世间的也，乐天的也，故代表其精神之戏曲、小说，无往而不著此乐天之色彩：始于悲者终于欢，始于离者终于合，始于困者终于亨。非是而欲餍阅者之心，难矣。若《牡丹亭》之返魂，《长生殿》之重圆，其最著名之一例也。《西厢记》之以《惊梦》终也，未成之作也，此书若成，吾乌知其不为《续西厢》之浅陋也？有《水浒传》矣，曷为而又有《荡寇志》？有《桃花扇》矣，曷为而又有《南桃花扇》？有《红楼梦》矣，彼《红楼复梦》《补红楼梦》《续红楼梦》者，曷为而作也？又曷为而有反对《红楼梦》之《儿女英雄传》？故吾国之文学中，其具厌世解脱之精神者，仅有《桃花扇》与《红楼梦》耳。而《桃花扇》之解脱，非真解脱也：沧桑之变，目击之而身历之，不能自悟，而悟于张道士之一言；且以历数千里，冒不测之险，投缧绁之中，所索之女子，才得一面，而以道士之言，一朝而舍之。自非三尺童子，其谁信之哉？故《桃花扇》之解脱，他律的也；而《红楼梦》之解脱，自律的也。且《桃花扇》之作者，但借侯、李之事，以写故国之戚，而非以描写人生为事。故《桃花扇》，政治的也，国民的也，历史的也；《红楼梦》，哲学的也，宇宙的也，文学的也。此《红楼梦》之所以大背于吾国人之精神，而其价值亦即存乎此。彼《南桃花扇》《红楼复梦》等，正代表吾国人乐天之精神者也。

《红楼梦》一书与一切喜剧相反，彻头彻尾之悲剧也。

其大宗旨如上节之所述，读者既知之矣。除主人公不计外，凡此书中之人有与生活之欲相关系者，无不与苦痛相终始，以视宝琴、岫烟、李纹、李绮等，若藐姑射神人，敻乎不可及矣。夫此数人者，曷尝无生活之欲，曷尝无苦痛？而书中既不及写其生活之欲，则其苦痛自不得而写之；足以见二者如骖之靳，而永远的正义无往不逞其权力也。又吾国之文学，以挟乐天的精神故，故往往说诗歌的正义，善人必令其终，而恶人必离其罚：此亦吾国戏曲、小说之特质也。《红楼梦》则不然：赵姨、凤姊之死，非鬼神之罚，彼良心自己之苦痛也。若李纨之受封，彼于《红楼梦》十四曲中，固已明说之曰：

> [晚韶华]镜里恩情，更那堪梦里功名！那韶华去之何迅。再休题绣帐鸳衾；只这戴珠冠，披凤袄，也抵不了无常性命。虽说是人生莫受老来贫，也须要阴骘积儿孙。气昂昂头戴簪缨，光灿灿胸悬金印，威赫赫爵禄高登，昏惨惨黄泉路近。问古来将相可还存？也只是虚名儿与后人钦敬。（第五回）

此足以知其非诗歌的正义，而既有世界人生以上，无非永远的正义之所统辖也。故曰《红楼梦》一书，彻头彻尾的悲剧也。

由叔本华之说，悲剧之中又有三种之别：第一种之悲剧，由极恶之人，极其所有之能力以交构之者。第二种，由于盲目的运命者。第三种之悲剧，由于剧中之人物之位置及关系而不得不然者；非必有蛇蝎之性质与意外之变故也，但由普通之人物、普通之境遇，逼之不得不如是；彼等明知其害，交施之而交受之，各加以力而各不任其咎。此种悲剧，其感人贤于前二者远甚。何则？彼示人生最大之不幸，非例外之事，而人生之所固有故也。若前二种之悲剧，吾人对蛇蝎之人物与盲目之命运，未尝不悚然战栗；然以其罕见之故，犹幸吾生之可以免，而不必求息肩之地也。但在第三种，则见此非常之势力，足以破坏人生之福祉者，无时而不可坠于吾前；且此等惨酷之行，不但时时可受诸己，而或可以加诸人；躬丁其酷，而无不平之可鸣：此可谓天下之至惨也。若《红楼梦》，则正第三种之悲剧也。兹就宝玉、黛玉之事言之：贾母爱宝钗之婉嫕，而惩黛玉之孤僻，又信金玉之邪说，而思压宝玉之病；王夫人固亲于薛氏；凤姐以持家之故，忌黛玉之才而虞其不便于己也；袭人惩尤二姐、香菱之事，闻黛玉"不是东风压倒西风，就是西风压倒东风"（第八十一回）之语，惧祸之及，而自同于凤姐，亦自然之势也。宝玉之于黛玉，信誓旦旦，而不能言之于最爱之之祖母，则普通之道德使然；况黛玉一女子哉！由此种种原因，而金玉以之合，木石以之离，又岂有蛇蝎之人物、非常之变故，行于其间哉？不过通常之道德、通常之人性、通常之境遇为之而已。由此观之，《红楼梦》者，可谓悲剧中之悲剧也。

由此之故，此书中壮美之部分，较多于优美之部分，而眩惑之原质殆绝焉。作者于开卷即申明之曰：

> 更有一种风月笔墨，其淫秽污臭，最易坏人子弟。至于才子佳人等书，则又开口文君，满篇子建，千部一腔，千人一面，且终不能不涉淫滥。在作者不过欲写出自己两首情诗艳赋来，故假捏出男女二人名姓，又必旁添一小人拨乱其间，如戏中小丑一般。（此又上节所言之一证）

兹举其最壮美者之一例，即宝玉与黛玉最后之相见一节曰：

> 那黛玉听着傻大姐说宝玉娶宝钗的话，此时心里竟是油儿酱儿糖儿醋儿倒在一处的一般，甜苦酸咸，竟说不上什么味儿来了……自己转身，要回潇湘馆去，那身子竟有千百斤重的，两只脚却像踏着棉花一般，早已软了。只得一步一步慢慢的走将下来。走了半天，还没到沁芳桥畔，脚下愈加软了。走的慢，且又迷迷痴痴，信着脚从那边绕过来，更添了两箭地路。这时刚到沁芳桥畔，却又不知不觉的顺着堤往向里走起来。紫鹃取了绢子来，却不见黛玉。正在那里看时，只见黛玉颜色雪白，身子恍恍荡荡的，眼睛也直直的，在那里东转西转……只得赶过来轻轻的问道："姑娘怎么又回去？是要往那里去？"黛玉也只模糊听见，随口答道："我问问宝玉去。"……紫鹃只得搀他进去。那黛玉却又奇怪了，这

> 时不似先前那样软了，也不用紫鹃打帘子，自己掀起帘子进来……见宝玉在那里坐着，也不起来让坐，只瞧着嘻嘻的呆笑。黛玉自己坐下，却也瞧着宝玉笑。两个也不问好，也不说话，也无推让，只管对着脸呆笑起来，忽然听着黛玉说道："宝玉！你为什么病了？"宝玉笑道："我为林姑娘病了。"袭人、紫鹃两个，吓得面目改色，连忙用言语来岔。两个却又不答言，仍旧呆笑起来……紫鹃搀起黛玉，那黛玉也就站起来，瞧着宝玉，只管笑，只管点头儿。紫鹃又催道："姑娘回家去歇歇罢！"黛玉道："可不是，我这就是回去的时候儿了！"说着，便回身笑着出来了，仍旧不用丫头们搀扶，自己却走得比往常飞快。（第九十六回）

如此之文，此书中随处有之，其动吾人之感情何如？凡稍有审美的嗜好者，无人不经验之也。

《红楼梦》之为悲剧也如此。昔雅里大德勒于《诗论》中谓：悲剧者，所以感发人之情绪而高上之，殊如恐惧与悲悯之二者，为悲剧中固有之物，由此感发，而人之精神于焉洗涤。故其目的，伦理学上之目的也。叔本华置诗歌于美术之顶点，又置悲剧于诗歌之顶点；而于悲剧之中，又特重第三种，以其示人生之真相，又示解脱之不可已故。故美学上最终之目的，与伦理学上最终之目的合。由是，《红楼梦》之美学上之价值，亦与其伦理学上之价值相联络也。

第四节 《红楼梦》之伦理学上之价值

自上节观之，《红楼梦》者，悲剧中之悲剧也。其美学上之价值，即存乎此。然使无伦理学上之价值以继之，则其于美术上之价值，尚未可知也。今使为宝玉者，于黛玉既死之后，或感愤而自杀，或放废以终其身，则虽谓此书一无价值可也。何则？欲达解脱之域者，固不可不尝人世之忧患；然所贵乎忧患者，以其为解脱之手段故，非重忧患自身之价值也。今使人日日居忧患、言忧患，而无希求解脱之勇气，则天国与地狱，彼两失之；其所领之境界，除阴云蔽天，沮洳弥望外，固无所获焉。黄仲则《绮怀》诗曰：

> 如此星辰非昨夜，为谁风露立中宵。

又其卒章曰：

> 结束铅华归少作，屏除丝竹入中年；茫茫来日愁如海，寄语羲和快着鞭。

其一例也。《红楼梦》则不然，其精神之存于解脱，如前二节所说，兹固不俟喋喋也。

然则解脱者，果足为伦理学上最高之理想否乎？自通常之道德观之，夫人知其不可也。夫宝玉者，固世俗所谓绝父子、弃人伦、不忠不孝之罪人也。然自太虚中有今日之世界，自世界中有今日之人类，乃不得不有普通之道德，以为人类之法则。顺之者安，逆之者危；顺之者存，逆之者亡。于今日之人类中，吾固不能不认普通之道德之价值也。然所以有世界人生者，果有合理的根据欤？抑出于盲目的动作，而别无意义存乎其间欤？使世界人生之存在，而有合理的根据，则人生中所有普通之道德，谓之绝对的道德可也。然吾人从各方面观之，则世界人生之所以存在，实由吾人类之祖先一时之误谬。诗人之所悲歌，哲学者之所瞑想，与夫古代诸国民之传说，若出一揆。若第二节所引《红楼梦》第一回之神话的解释，亦于无意识中暗示此理，较之《创世记》所述人类犯罪之历史，尤为有味者也。夫人之有生，既有鼻祖之误谬矣，则夫吾人之同胞，凡为此鼻祖之子孙者，苟有一人焉，未入解脱之域，则鼻祖之罪终无时而赎，而一时之误谬，反覆至数千万年而未有已也。则夫绝弃人伦如宝玉其人者，自普通之道德言之，固无所辞其不忠不孝之罪；若开天眼而观之，则彼固可谓干父之蛊者也。知祖父之误谬，而不忍反覆之以重其罪，顾得谓之不孝哉？然则宝玉“一子出家，七祖升天”之说，诚有见乎所谓孝者在此不在彼，非徒自辩护而已。

然则举世界之人类，而尽入于解脱之域，则所谓宇宙者，不诚无物也欤？然有无之说，盖难言之矣。夫以人生之无常，而知识之不可恃，安知吾人之所谓“有”非所谓真有者乎？则自其反而言之，又安知吾人之所谓“无”非所谓真无者乎？即真无矣，而使吾人自空乏与满足、希望与恐怖之中出，而获永远息肩之所，不犹愈于世之所谓有者乎？然则吾人之畏无也，与小儿之畏暗黑何以异？自已解脱者观之，安知解脱之后，山川之美，日月之华，不有过于今日之世界者乎？读《飞鸟各投林》之曲，所谓"一片白茫茫大地真干净"者，有欤无欤，吾人且勿问，但立乎今日之人生而观之，彼诚有味乎其言之也。

难者又曰：人苟无生，则宇宙间最可宝贵之美术，不亦废欤？曰：美术之价值，对现在之世界人生而起者，非有绝对的价值也。其材料取诸人生，其理想亦视人生之缺陷逼仄，而趋于其反对之方面。如此之美术，唯于如此之世界、如此之人生中，始有价值耳。今设有人焉，自无始以来，无生死，无苦乐，无人世之罣碍，而唯有永远之知识，则吾人所宝为无上之美术，自彼视之，不过蛩鸣蝉噪而已。何则？美术上之理想，固彼之所自有，而其材料，又彼之所未尝经验故也。又设有人焉，备尝人世之苦痛，而已入于解脱之域，则美术之于彼也，亦无价值。何则？美术之价值，存于使人离生活之欲，而入于纯粹之知识。彼既无生活之欲矣，而复进之以美术，是犹馈壮夫以药石，多见其不知量而已矣。然而超今日之世界人生以外者，于美术之存亡，固自可不必问也。

夫然，故世界之大宗教，如印度之婆罗门教及佛教，希伯来之基督教，皆以解脱为唯一之宗旨。哲学家，如古代希腊之柏拉图，近世德意志之叔本华，其最高之理想，亦存于解脱。殊如叔本华之说，由其深邃之知识论、伟大之形而上学出，一扫宗教之神话的面具，而易以名学之论法；其真挚之感情与巧妙之文字，又足以济之：故其说精密确实，非如古代之宗教及哲学说，徒属想象而已。然事不厌其求详，姑以生平所疑者商榷焉：夫由叔氏之哲学说，则一切人类及万物之根本，一也。故充叔氏拒绝意志之说，非一切人类及万物，各拒绝其生活之意志，则一人之意志，亦不得而拒绝。何则？生活之意志之存于我者，不过其一最小部分，而其大部分之存于一切人类及万物者，皆与我之意志同。而此物我之差别，仅由于吾人知力之形式，故离此知力之形式，而反其根本而观之，则一切人类及万物之意志，皆我之意志也。然则拒绝吾一人之意志，而姝姝自悦曰解脱，是何异蹄跨之水，而注之沟壑，而曰天下皆得平土而居之哉！佛之言曰："若不尽度众生，誓不成佛。"其言犹若有能之而不欲之意。然自吾人观之，此岂徒能之而不欲哉？将毋欲之而不能也。故如叔本华之言一人之解脱，而未言世界之解脱，实与其意志同一之说，不能两立者也。叔氏于无意识中亦触此疑问，故于其《意志及观念之世界》之第四编之末，力护其说，曰：

人之意志，于男女之欲，其发现也为最著。故完全之贞操，乃拒绝意志，即解脱之第一步也。夫自然中之法则，固自最确实者。使人人而行此格言，则人类之灭绝，自可立而待。至人类以降之动物，其解脱与堕落，亦当视人类以为准。《吠陀》之经典曰："一切众生之待圣人，如饥儿之待慈父母也。”基督教中亦有此思想。珊列休斯于其《人持一切物归于上帝》之小诗中曰：“嗟汝万物灵，有生皆爱汝。总总环汝旁，如儿索母乳。携之适天国，惟汝力是怙！”德意志之神秘学者马斯太哀克赫德亦云：“《约翰福音》云，余之离世界也，将引万物而与我俱。基督岂欺我哉？夫善人，固将持万物而归之于上帝，即其所从出之本者也。今夫一切生物，皆为人而造，又各自相为用；牛羊之于水草，鱼之于水，鸟之于空气，野兽之于林莽，皆是也。一切生物皆上帝所造，以供善人之用，而善人携之以归上帝。”彼意盖谓人之所以有用动物之权利者，实以能救济之故也。

于佛教之经典中，亦说明此真理。方佛之尚为菩提萨埵也，自王宫逸出而入深林时，彼策其马而歌曰：“汝久疲于生死兮，今将息此任载。负余躬以遐举兮，继今日而无再。苟彼岸其余达兮，余将徘徊以汝待！”（《佛国记》）此之谓也。（英译《意志及观念之世界》第一册第四百九十二页）

然叔氏之说，徒引据经典，非有理论的根据也。试问释迦示寂以后，基督尸十字架以来，人类及万物之欲生奚若？其痛苦又奚若？吾知其不异于昔也。然则所谓持万物而归之上帝者，其尚有所待欤？抑徒沾沾自喜之说，而不能见诸实事者欤？果如后说，则释迦、基督自身之解脱与否，亦尚在不可知之数也。往者作一律曰：

生平颇忆挈卢敖，东过蓬莱浴海涛。
何处云中闻犬吠，至今湖畔尚乌号。
人间地狱真无间，死后泥洹枉自豪。
终古众生无度日，世尊只合老尘嚣。

何则？小宇宙之解脱，视大宇宙之解脱以为准故也。赫尔德曼人类涅槃之说，所以起而补叔氏之缺点者以此。要之，解脱之足以为伦理学上最高之理想与否，实存于解脱之可能与否。若夫普通之论难，则固如楚楚蜉游，不足以撼十围之大树也。

今使解脱之事，终不可能，然一切伦理学上之理想，果皆可能也欤？今夫与此无生主义相反者，生生主义也。夫世界有限，而生人无穷；以无穷之人，生有限之世界，必有不得遂其生者矣。世界之内，有一人不得遂其生者，固生生主义之理想之所不许也。故由生生主义之理想，则欲使世界生活之量，达于极大限，则人人生活之度，不得不达于极小限。盖度与量二者，实为一精密之反比例，所谓最大多数之最大福祉者，亦仅归于伦理学者之梦想而已。夫以极大之生活量，而居于极小之生活度，则生活之意志之拒绝也奚若？此生生主义与无生主义相同之点也。苟无此理想，则世界之内，弱之肉，强之食，一任诸天然之法则耳，奚以伦理为哉？然世人日言生生主义，而此理想之达于何时，则尚在不可知之数。要之，理想者可近而不可即，亦终古不过一理想而已矣。人知无生主义之理想之不可能，而自忘其主义之理想之何若，此则大不可解脱者也。

夫如是，则《红楼梦》之以解脱为理想者，果可菲薄也欤？夫以人生忧患之如彼，而劳苦之如此，苟有血气者，未有不渴慕救济者也，不求之于实行，犹将求之于美术。独《红楼梦》者，同时与吾人以二者之救济。人而自绝于救济则已耳；不然，则对此宇宙之大著述，宜如何企踵而欢迎之也！

余论

自我朝考证之学盛行，而读小说者，亦以考证之眼读之。于是评《红楼梦》者，纷然索此书中之主人公之为谁，此又甚不可解者也。夫美术之所写者，非个人之性质，而人类全体之性质也。唯美术之特质，贵具体而不贵抽象。于是举人类全体之性质，置诸个人之名字之下。譬诸“副墨之子”“洛诵之孙”，亦随吾人之所好名之而已。善于观物者，能就个人之事实，而发现人类全体之性质；今对人类之全体，而必规规焉求个人以实之，人之知力相越，岂不远哉！故《红楼梦》之主人公，谓之贾宝玉可，谓之“子虚”“乌有”先生可，即谓之纳兰容若，谓之曹雪芹，亦无不可也。

综观评此书者之说，约有二种：一谓述他人之事，一谓作者自写其生平也。第一说中，大抵以贾宝玉为即纳兰性德。

其说要非无所本。案性德《饮水诗集·别意》六首之三曰：

独拥余香冷不胜，残更数尽思腾腾。今宵便有随风梦，知在红楼第几层？

又《饮水词》中《于中好》一阕云：

别绪如丝睡不成，那堪孤枕梦边城。因听紫塞三更雨，却忆红楼半夜灯。

又《减字木兰花》一阕咏新月云：

莫教星替，守取团圆终必遂。此夜红楼，天上人间一样愁。

“红楼”之字凡三见，而云“梦红楼”者一。又其亡妇忌日作《金缕曲》一阕，其首三句云：

此恨何时已，滴空阶寒更雨歇，葬花天气。

“葬花”二字，始出于此。然则《饮水集》与《红楼梦》之间，稍有文字之关系，世人以宝玉为即纳兰侍卫者，殆由于此。然诗人与小说家之用语，其偶合者固不少。苟执此例以求《红楼梦》之主人公，吾恐其可以傅合者，断不止容若一人而已。若夫作者之姓名（遍考各书，未见曹雪芹何名）与作书之年月，其为读此书者所当知，似更比主人公之姓名为尤要。顾无一人为之考证者，此则大不可解者也。

至谓《红楼梦》一书，为作者自道其生平者。其说本于此书第一回"竟不如我亲见亲闻的几个女子"一语。信如此说，则唐旦之《天国喜剧》，可谓无独有偶者矣。然所谓亲见亲闻者，亦可自旁观者之口言之，未必躬为剧中之人物。如谓书中种种境界、种种人物，非局中人不能道，则是《水浒传》之作者必为大盗，《三国演义》之作者必为兵家，此又大不然之说也。且此问题，实为美术之渊源之问题相关系。如谓美术上之事，非局中人不能道，则其渊源必全存于经验而后可。夫美术之源，出于先天，抑由于经验，此西洋美学上至大之问题也。叔本华之论此问题也，最为透辟。兹援其说，以结此论。其言（此论本为绘画及雕刻发，然可通之于诗歌、小说）曰：

> 人类之美之产于自然中者，必由下文解释之：即意志于其客观化之最高级（人类）中，由自己之力与种种之情况，而打胜下级（自然力）之抵抗，以占领其物质。且意志之发现于高等之阶级也，其形式必复杂：即以一树言之，乃无数之细胞，合而成一系统者也。其阶级愈高，其结合愈复。人类之身体，乃最复杂之系统也：各部分

各有一特别之生活；其对全体也，则为隶属；其互相对也，则为同僚；互相调和，以为其全体之说明；不能增也，不能减也。能如此者，则谓之美。此自然中不得多见者也。顾美之于自然中如此，于美术中则何如？或有以美术家为模仿自然者。然彼苟无美之预想存于经验之前，则安从取自然中完全之物而模仿之，又以之与不完全者相区别哉？且自然亦安得时时生一人焉，于其各部分皆完全无缺哉？或又谓美术家必先于人之肢体中，观美丽之各部分，而由之以构成美丽之全体。此又大愚不灵之说也。即令如此，彼又何自知美丽之在此部分而非彼部分哉？故美之知识，断非自经验的得之，即非后天的而常为先天的；即不然，亦必其一部分常为先天的也。吾人于观人类之美后，始认其美；但在真正之美术家，其认识之也，极其明速之度，而其表出之也，胜乎自然之为。此由吾人之自身即意志，而于此所判断及发现者，乃意志于最高级之完全之客观化也。唯如是，吾人斯得有美之预想。而在真正之天才，于美之预想外，更伴以非常之巧力。彼于特别之物中，认全体之理念，遂解自然之嗫嚅之言语而代言之；即以自然所百计而不能产出之美，现之于绘画及雕刻中，而若语自然曰："此即汝之所欲言而不得者也。"苟有判断之能力者，必将应之曰："是。"唯如是，故希腊之天才，能发现人类之美之形式，而永为万世雕刻家之模范。唯如是，故吾人对自然于特别之境遇中所偶然成功者，而得认其美。此美之预想，乃自先天中所知者，即理想的也，比其现于美术也，则为实际的。何则？此与后天中所与之自然物相合故也。如此，美术家先天中有美之预想，而批评家于后天中认识之，此由美术家及批评家，乃自然之自身之一部，而意志于此客观化者也。哀姆攀独克尔曰："同者唯同者知之。"故唯自然能知自然，唯自然能言自然，则美术家有自然之美之预想，固自不足怪也。

芝诺芬述苏格拉底之言曰："希腊人之发现人类之美之理想也，由于经验。即集合种种美丽之部分，而于此发现一膝，于彼发现一臂。"此大谬之说也。不幸而此说又蔓延于诗歌中。即以狭斯丕尔言之，谓其戏曲中所描写之种种之人物，乃其一生之经验中所观察者，而极其全力以模写之者也。然诗人由人性之预想而作戏曲小说，与美术家之由美之预想而作绘画及雕刻无以异。唯两者于其创造之途中，必须有经验以为之补助。夫然，故其先天中所已知者，得唤起而入于明晰之意识，而后表出之事，乃可得而能也。（叔氏《意志及观念之世界》第一册第二百八十五页至二百八十九页）

由此观之，则谓《红楼梦》中所有种种之人物、种种之境遇，必本于作者之经验，则雕刻与绘画家之写人之美也，必此取一膝，彼取一臂而后可。其是与非，不待知者而决矣。

读者苟玩前数节之说，而知《红楼梦》之精神，与其美学、伦理学上之价值，则此种议论，自可不生。苟知美术之大有造于人生，而《红楼梦》自足为我国美术上之唯一大著述，则其作者之姓名与其著书之年月，固当为唯一考证之题目。而我国人之所聚讼者，乃不在此而在彼；此足以见吾国人之对此书之兴味之所在，自在彼而不在此也。故为破其惑如此。

屈子文学之精神

我国春秋以前，道德政治上之思想，可分之为二派：一帝王派，一非帝王派。前者称道尧、舜、禹、汤、文、武，后者则称其学出于上古之隐君子（如庄周所称广成子之类），或托之于上古之帝王。前者近古学派，后者远古学派也。前者贵族派，后者平民派也。前者入世派，后者遁世派（非真遁世派，知其主义之终不能行于世，而遁焉者也）也。前者热性派，后者冷性派也。前者国家派，后者个人派也。前者大成于孔子、墨子，而后者大成于老子（老子，楚人，在孔子后，与孔子问礼之老聃系二人。说见汪容甫《述学·老子考异》）。故前者北方派，后者南方派也。此二派者，其主义常相反对，而不能相调和。观孔子与接舆、长沮、桀溺、荷篠丈人之关系，可知之矣。战国后之诸学派，无不直接出于此二派，或出于混合此二派。故虽谓吾国固有之思想，不外此二者，可也。

夫然，故吾国之文学，亦不外发表二种之思想。然南方学派则仅有散文的文学，如老子、庄、列是已。至诗歌的文学，则为北方学派之所专有。《诗》三百篇，大抵表北方学派之思想者也。虽其中如《考槃》《衡门》等篇，略近南方之思想。然北方学者所谓“用之则行，舍之则藏”“有道则见，无道则隐”者，亦岂有异于是哉？故此等谓之南北公共之思想则可，必非南方思想之特质也。然则诗歌的文学，所以独出于北方之学派中者，又何故乎？

诗歌者，描写人生者也（用德国大诗人希尔列尔之定义）。此定义未免太狭，今更广之曰“描写自然及人生”，可乎？然人类之兴味，实先人生，而后自然。故纯粹之模山范水，流连光景之作，自建安以前，殆未之见。而诗歌之题目，皆以描写自己之感情为主。其写景物也，亦必以自己深邃之感情为之素地，而始得于特别之境遇中，用特别之眼观之。故古代之诗，所描写者，特人生之主观的方面；而对人生之客观的方面，及纯处于客观界之自然，断不能以全力注之也。故对古代之诗，前之定义，宁苦其广，而不苦其隘也。

诗之为道，既以描写人生为事，而人生者，非孤立之生活，而在家族、国家及社会中之生活也。北方派之理想，置于当日之社会中，南方派之理想，则树于当日之社会外。易言以明之，北方派之理想，在改作旧社会；南方派之理想，在创造新社会。然改作与创造，皆当日社会之所不许也。南方之人，以长于思辩，而短于实行，故知实践之不可能，而即于其理想中求其安慰之地，故有遁世无闷，嚣然自得以没齿者矣。若北方之人，则往往以坚忍之志，强毅之气，持其改作之理想，以与当日之社会争；而社会之仇视之也，亦与其仇视南方学者无异，或有甚焉。故彼之视社会也，一时以为寇，一时以为亲，如此循环，而遂生欧穆亚（Humour）之人生观。《小雅》中之杰作，皆此种竞争之产物也。且北方之人，不为离世绝俗之举，而日周旋于君臣父子夫妇之间，此等在在畀以诗歌之题目，与以作诗之动机。此诗歌的文学，所以独产于北方学派中，而无与于南方学派者也。

然南方文学中，又非无诗歌的原质也。南人想象力之伟大丰富，胜于北人远甚。彼等巧于比类，而善于滑稽：故言大则有若北溟之鱼，语小则有若蜗角之国；语久则大椿冥灵，语短则蟪蛄朝菌；至于襄城之野，七圣皆迷；汾水之阳，四子独往：此种想象决不能于北方文学中发见之。故庄、列书中之某部分，即谓之散文诗，无不可也。夫儿童想象力之活泼，此人人公认之事实也。国民文化发达之初期亦然，古代印度及希腊之壮丽之神话，皆此等想象之产物。以我中国论，则南方之文化发达较后于北方，则南人之富于想象，亦自然之势也。此南方文学中之诗歌的特质之优于北方文学者也。

由此观之，北方人之感情，诗歌的也，以不得想象之助，故其所作遂止于小篇。南方人之想象，亦诗歌的也，以无深邃之感情之后援，故其想象亦散漫而无所丽，是以无纯粹之诗歌。而大诗歌之出，必须俟北方人之感情，与南方人之想象合而为一，即必通南北之驿骑而后可，斯即屈子其人也。

屈子南人而学北方之学者也。南方学派之思想，本与当时封建贵族之制度不能相容。故虽南方之贵族，亦常奉北方之思想焉。观屈子之文，可以征之。其所称之圣王，则有若高辛、尧、舜、禹、汤、少康、武丁、文、武，贤人则有若皋陶、挚说、彭、咸（谓彭祖、巫咸，商之贤臣也，与“巫咸将夕降兮”之巫咸，自是二人，《列子》所谓“郑有神巫，名季咸”者也）、比干、伯夷、吕望、宁戚、百里、介推、子胥，暴君则有若夏启、羿、浞、桀、纣，皆北方学者之所常称道，而于南方学者所称黄帝、广成等不一及焉。虽《远游》一篇，似专述南方之思想，然此实屈子愤激之词，如孔子之居夷浮海，非其志也。《离骚》之卒章，其旨亦与《远游》同。然卒曰：“陟升皇之赫戏兮，忽临睨夫旧乡。仆夫悲余马怀兮，蜷局顾而不行。”《九章》中之《怀沙》，乃其绝笔，然犹称重华、汤、禹，足知屈子固彻头彻尾抱北方之思想，虽欲为南方之学者，而终有所不慊者也。

屈子之自赞曰：“廉贞。”余谓屈子之性格，此二字尽之矣。其廉固南方学者之所优为，其贞则其所不屑为，亦不能为者也。女媭之詈，巫咸之占，渔父之歌，皆代表南方学者之思想，然皆不足以动屈子。而知屈子者，唯詹尹一人。盖屈子之于楚，亲则肺腑，尊则大夫，又尝管内政外交上之大事矣，其于国家既同累世之休戚，其于怀王又有一日之知遇，一疏再放，而终不能易其志，于是其性格与境遇相得，而使之成一种之欧穆亚。《离骚》以下诸作，实此欧穆亚所发表者也。使南方之学者处此，则贾谊（《吊屈原文》）扬雄（《反离骚》）是，而屈子非矣。此屈子之文学，所负于北方学派者也。

然就屈子文学之形式言之，则所负于南方学派者，抑又不少。彼之丰富之想象力，实与庄、列为近。《天问》《远游》凿空之谈，求女谬悠之语，庄语之不足，而继之以谐，于是思想之游戏，更为自由矣。变《三百篇》之体，而为长句，变短什而为长篇，于是感情之发表，更为宛转矣。此皆古代北方文学之所未有，而其端自屈子开之。然所以驱使想象而成此大文学者，实由其北方之肫挚的性格。此庄周等之所以仅为哲学家，而周、秦间之大诗人，不能不独数屈子也。

要之，诗歌者，感情的产物也。虽其中之想象的原质（即知力的原质），亦须有肫挚之感情，为之素地，而后此原质乃显。故诗歌者，实北方文学之产物，而非儇薄冷淡之夫所能托也。观后世之诗人，若渊明，若子美，无非受北方学派之影响者。岂独一屈子然哉！岂独一屈子然哉！

释“史”

《说文解字》：“史，记事者也。从又，持中。中，正也。”其字古文、篆文并作史，从中（秦泰山刻石“御史大夫”之“史”《说文》大、小徐二本皆如此作）。案：古文中正之字，作中、中、中、中、中诸形，而伯仲之“仲”作中，无作中者。唯篆文始作中。且中正，无形之物德，非可手持。然则，史所从之中，果何物乎？吴氏大澂曰：史象手执简形。然中与简形殊不类。江氏永《周礼疑义举要》云：凡官府簿书谓之中，故诸官言治中、受中，《小司寇》断庶民狱讼之中，皆谓簿书，犹今之案卷也。此中字之本义，故掌文书者谓之史，其字从又、从中，又者右手，以手持簿书也。吏字、事字，皆有中字，天有司中星，后世有治中之官，皆取此义。江氏以中为簿书，较吴氏以中为简者得之（简为一简，簿书则需众简）。顾簿书何以云中？亦不能得其说。案：《周礼·大史职》：凡射事饰中舍算，大射仪，司射命释获者设中。大史释获，小臣师执中先首坐设之，东面退，大史实八算于中，横委其余于中西。又释获者，坐取中之八算，改实八算，兴执而俟。乃射，若中，则释获者每一个释一算。上射于右，下射于左，若有余算则反委之。又取中之八算，改实八算于中，兴执而俟云云。此即《大史职》所云，饰中舍算之事，是中者，盛算之器也。中之制度，《乡射记》云：鹿中髤，前足跪，凿背容八算，释获者奉之先首。又云：君国中射，则皮树中，于郊则闾中，于竟则虎中，大夫兕中，士鹿中。是周时，中制皆作兽形，有首有足。凿背容八算，亦与中字形不类。余疑中作兽形者，乃周末弥文之制，其初当如中形，而于中之上，横凿空以立算，达于下横，其中央一直，乃所以持之，且可建之于他器者也。考古者简与算为一物，古之简策，最长者二尺四寸；其次二分取一，为一尺二寸；其次三分取一，为八寸；其次四分取一，为六寸（详见余《简牍检署考》）。算之制，亦有一尺二寸与六寸二种。射时所释之算，长尺二寸；投壶算，长尺有二寸。《乡射记》：箭筹八十，长尺有握，握素。注：箭，篆也；筹，算也；握，本所持处也；素，谓刊之也。刊本一肤。贾《疏》云：长尺复云有握，则握在一尺之外，则此筹尺四寸矣。云刊本一肤者，《公羊传·僖三十一年》：肤寸而合。何休云：侧手为肤。又《投壶》：室中五扶。注云：铺四指曰扶。（案《文选》《应休琏与从弟君苗君胄书》注引《尚书大传》曰：扶寸而合，不崇朝而雨天下。郑玄曰：四指为扶，是扶肤一字）一指案寸，皆谓布四指。一指一寸，四指则四寸。引之者证握肤为一，谓刊四寸也。所纪算之长短，与《投壶》不同，疑《乡射记》以周八寸尺言，故为尺四寸；《投壶》以周十寸尺言，故为尺有二寸。犹《盐铁论》

言二尺四寸之律，而《史记·酷吏传》言三尺法，《汉书·朱博传》言三尺律令，皆由于八寸尺与十寸尺之不同，其实一也。计历数之算则长六寸，《汉书·律历志》：算法用竹径，一分长六寸。《说文解字》算长六寸。计历数者，尺二寸与六寸，皆与简策同制，故古算、筴二字往往互相。《既夕礼》：主人之史，请读赗，执算，从柩东。注：古文算皆作筴，《老子》：善计者不用筹策。意谓不用筹算也。《史记·五帝本纪》：迎日推筴。《集解》引晋灼曰：筴，数也，迎数之也。案：筴无数义，惟《说文解字》云：算，数也。则晋灼时本当作迎日推算，又假筭为算也。《汉荡阴令张迁碑》：八月筴民。案：《后汉书·皇后纪》：汉法，常以八月算人。是八月筴民，即八月算民，亦以筴为算。是古筭、筴同物之证也。射时舍算，即为史事。而他事用算者，亦史之所掌（《周礼》冯相氏、保章氏，皆大史属官。《月令》乃命大史守与奉法司天日月星辰之行，是计历数者，史之事也。又古者筮多用以代蓍，《易系辞传》言乾之策、坤之策。《士冠礼》筮人执筴。又周秦诸书多言龟策，罕言蓍龟。筴算实一字。而古者卜筮亦史掌之少《牢馈食礼》筮者为史。《左氏传》亦有筮史，是筮亦史事）。算与简策本是一物，又皆为史之所执。则盛算之中，盖亦用以盛简。简之多者，自当编之为篇。若数在十简左右者，盛之于中，其用较便。《逸周书》尝麦解，宰乃承王中，升自客阶，作筴，执筴，从中，宰坐尊中于大正之前。是中、筴二物相将，其为盛筴之器无疑。故当时簿书亦谓之中。《周礼·天府》凡官府乡州及都鄙之治中，受而藏之。《小司寇》以三刺断民狱讼之中。又登中于天府，乡士，遂士，方士，狱讼成，士师受中。《楚语》左执鬼中。盖均谓此物也。然则“史”字从又持中，义为持书之人。与尹之从又持丨（象笔形）者同意矣。

然则谓中为盛筴之器，史之义不取诸持筭，而取诸持筴，亦有说乎？曰：有。持筭为史事者，正由持筴为史事故也。古者书、筴皆史掌之，《书·金滕》史乃册祝；《洛诰》王命作册逸祝册，又作册逸诰，《顾命》大史秉书，由宾阶阶，御王册命。《周礼》：大史掌建邦之六典，掌法掌则，凡邦国都鄙及万民之有约剂者藏之，以贰六官。六官之所登，大祭祀。戒及宿之日，与群执事读礼书而协事，祭之日，执书以次位常，大会同朝觐，以书协礼事。及将币之日，执书以诏王。大师抱天时，与大师同车，大迁国抱法以前，大丧执法以涖劝防，遣之日读诔。小史掌邦国之志，奠系世，辨昭穆，若有事，则诏王之忌讳，大祭读礼法。史以书辨昭穆之俎簋，卿大夫令之贰，以考政事，以逆会计。凡命诸侯及公卿、大夫则册命之。凡四方之事书，内史读之。王制禄则赞为之，以方出之。内史掌书王命，遂贰之。外史掌书外令，掌四方之志，掌三皇、五帝之书，掌达书名于四方。若以书使于四方，则书其令。御史掌赞书。女史掌书内令。聘礼，夕币，史读书展币，又誓于其竟。史读书。觐礼，诸公奉箧服，加命书于其上，升自西阶东面。大史是右，侯氏升西面立，大史述命（注读王命书也）。《既夕礼》：主人之史请读赗。又公史自西方东面，读遣卒命。《曲礼》史：载笔。《王制》：大史典礼，执简记奉讳恶。《玉藻》：动则左史书之，言则右史书之。《祭统》：史由君右执策命之。《毛诗·静女传》：古者，后夫人必有女史彤管之法，史不记过其罪杀之。又周六官之属，掌文书者亦皆谓之史。则史之职，专以藏书、读书、作书为事。其字所从之中，自当为盛筴之器，此得由其职掌证之也。

史为掌书之官，自古为要职。殷商以前，其官之尊卑虽不可知，然大小官名及职事之名，多由史出，则史之位尊地要可知矣。《说文解字》：事，职也。从史，㞢省声。又：吏，治人者也。从一，从史，史亦声。然殷人卜辞，皆以史为事，是尚无事字。周初之器，如毛公鼎、番生敦二器，卿事作“事”，大史作“史”，始别为二字。然毛公鼎之事作[illegible]，小子师敦之卿事作[illegible]，师寰敦之啬事作[illegible]，从中，上有游，又持之，亦史之繁文。或省作[illegible]，皆所以微与史之本字相别，其实犹是一字也。故之官名，多由史出。殷周间，王室执政之官，经传作卿士（《书·牧誓》是以为大夫卿士。《洪范》谋及卿士。又卿士惟月。《顾命》卿士邦君。《诗·商颂》降予卿士。是殷周间已有卿士之称。）而毛公鼎、小子师敦、番生敦作卿事。殷虚卜辞作卿史（《殷虚书契前编》卷二第二十三页，又卷四第二十一页）。是卿士本名史也。又天子、诸侯之执政，通称御事（《书·牧誓》我友邦家君御事。《大诰》

大诰猷尔多邦，越尔御事又肆余告我，友邦君越尹氏庶士御事。《酒诰》厥诰毖庶邦庶士，越少正御事。又我西土棐徂邦君御事小子。《梓材》王其效邦君越御事。《召诰》诰告庶殷越自乃御事。又王先服殷御事比介于我有周御事。《洛诰》予旦以多子越御事。《文侯之命》即我御事，罔或耆寿，畯在厥服。多以邦君御事并称，盖谓诸侯之执政者也。）而殷虚卜辞则称御史（殷虚书契前编卷四第二十八页）。是御事亦名史也。又古之六卿，《书·甘誓》谓之六事：司徒、司马、司空。《诗·小雅》谓之三事；又谓之三有事。《春秋左氏传》谓之三吏。此皆大官之称，事若吏即称史者也。《书·酒诰》：有正有事；又：兹乃允惟王正事之臣。《立政》：立政立事；正与事对文。长官谓之正若政，庶官谓之事。此庶官之称事，即称史者也。史之本义，为持书之人。引申而为大官及庶官之称，又引申而为职事之称。其后三者，各需专字，于是史、吏、事三字，于小篆中截然有别，持书者谓之史，治人者谓之吏，职事谓之事。此盖出于秦汉之际，而《诗》《书》之文，尚不甚区别，由上文所征引者知之矣。

殷以前，史之尊卑虽不可考，然卿事、御事，均以史名，则史官之秩亦略可知。《曲礼》：天子建天官，先六大，曰：大宰、大宗、大史、大祝、大士、大卜。典司六典注：此盖殷时制，大史与大宰同掌天官，固当在卿位矣。《左传·恒十七年》：天子有日官，诸侯有日御，日官居卿以底日。以日官为卿，或亦殷制。周则据《春官》序官：大史、下大夫二人，上士四人，小史、中士八人，下士十有六人，内史：中大夫一人，下大夫二人，上士四人，中士八人，下士十有六人；外史：上士四人，中士八人，下士十有六人；御史：中士八人，下士十有六人。其中官以大史为长（郑注：大史，史官之长。或疑《书·酒诰》称大史友、内史友。《大戴礼记·盛德篇》云：大史、内史左右手也。似大史、内史各自为僚，不相统属。且内史官在大史上，尤不得为大史之属。然毛公鼎云：御事僚、大史僚。番生敦云：御事大史。不言内史，盖析言之，则大史、内史为二僚、合言之则为大史一僚。又《周官》长贰不问，官之尊卑，如乡老以公乡，大夫以卿，而为大司徒之属。世妇以卿，而为大宗伯之属。皆是则内史为大史之属，亦不嫌也），秩以内史为尊。内史之官，虽在卿下，然其职之机要，除冢宰外，实为他卿所不及。自《诗》《书》、彝器观之，内史实执政之一人，其职与后汉以后之尚书令，唐宋之中书舍人、翰林学士，明之大学士相当，盖枢要之任也。此官周初谓之作册，其长谓之尹氏。尹字从又持丨，象笔形。《说文》所载，尹之古文作[illegible]。虽传写譌舛，未可尽信，然其下犹为聿形，可互证也。持中为史，持笔为尹，作册之名，亦与此意相会。试详证之：《书·洛诰》：王命作册逸祝册，又作册逸告。作册二字，伪《孔传》以王为册书释之。《顾命》：命作册度。《传》亦以命史为册书法度释之。孙氏诒让《周官正义》始云：尹逸盖为内史，以其所掌职事言之，谓之作册（《古籀拾遗》冗卣跋略同），始以作册为内史之异名。余以古书及古器证之，孙说是也。案：《书·毕命》序：康王命作册毕，分居里，成周东郊，作《毕命》（《史记·周本纪》作康王命作册毕公，盖不知作册为官名，毕为人名，而以毕公当之。为《伪古文毕命》之所本）。《汉书·律历志》引《逸毕命》丰刑曰：王命作册丰刑。《逸周书》尝麦解亦有作筴。此皆作册一官之见于古书者。其见于古器者，则癸亥父己鼎云：王赏作册；丰贝瞏卣云：王姜命作册瞏安；夷伯吴尊盖云：宰朏右作册吴入门。皆以作册二字，冠于人名上，与书同例。而吴尊盖之作册，吴虎敦、牧敦皆作内史，吴是作册，即内史之明证也。亦称作册内史，师艅敦：王呼作册内史册命师艅；冘盉：王在周，命作册内史锡冘卤□□，亦称作命内史；剌鼎：王呼作命内史册命剌是也。内史之长曰内史尹，亦曰作册。尹师兑敦：王呼内史尹册命师兑；师晨鼎：王呼作册尹册命师晨；冘敦：王受作册尹者（假为诸字）俾册命冘是也。亦单称尹氏，《诗·大雅》：王谓尹氏，命程伯休父颂；鼎寰盘：尹氏受王命书；克鼎：王呼尹氏册命克；师嫠敦：王呼尹氏册命师嫠是也。或称命尹（古命令同字，命尹即令尹，楚正卿令尹之名，盖出于此），伊敦：王呼命尹𫹎册命伊是也。作册、尹氏、皆《周礼》内史之职，而尹氏为其长，其职在《书·王命》与制禄命官，与大师同，秉国政。故《诗·小雅》曰：赫赫师尹，民具尔瞻；又曰：赫赫师尹，不平谓何？又曰：尹氏大师，维周之氐，秉国之钧。

诗人不欲斥王，故呼二执政者而告之。师与尹乃二官，与《洪范》之师尹惟日，《鲁语》百官之政事师尹同。非谓一人，而师其官，尹其氏也。《书·大诰》：肆予告我友邦君越尹氏、庶士、御事；《多方》：诰尔四国多方，越尔殷侯尹民，民当为氏字之误也。尹氏在邦君殷侯之次，乃侯国之正卿。殷周之间已有此语，说《诗》者乃以《诗》之尹氏为大师之氏。以春秋之尹氏当之，不亦过乎？且春秋之尹氏，亦世掌其官，因以为氏耳。然则尹氏之号，本于内史，书之庶尹、百尹，盖推内史之名以名之，与卿事、御事之推史之名以名之者同。然则前古官名多从史出，可以觇古时史之地位矣。

人间嗜好之研究

活动之不能以须臾息者，其唯人心乎。夫人心，本以活动为生活者也。心得其活动之地，则感一种之快乐，反是则感一种之苦痛。此种苦痛，非积极的苦痛，而消极的苦痛也，易言以明之，即空虚的苦痛也。空虚的苦痛，比积极的苦痛尤为人所难堪。何则？积极的苦痛，犹为心之活动之一种，故亦含快乐之原质，而空虚的苦痛，则并此原质而无之故也。人与其无生也，不如恶生；与其不活动也，不如恶活动。此生理学及心理学上之二大原理，不可诬也。人欲医此苦痛，于是用种种之方法，在西人名之曰“To kill time”，而在我中国，则名之曰“消遣”。其用语之确当，均无以易，一切嗜好由此起也。

然人心之活动亦伙矣。食色之欲，所以保存个人及其种姓之生活者，实存于人心之根柢，而时时要求其满足。然满足此欲，固非易易也，于是或劳心，或劳力，戚戚睊睊，以求其生活之道。如此者，吾人谓之曰“工作”。工作之为一种积极的苦痛，吾人之所经验也。且人固不能终日从事于工作，岁有闲月，月有闲日，日有闲时，殊如生活之道不苦者。

其工作愈简，其闲暇愈多，此时虽乏积极的苦痛，然以空虚之消极的苦痛代之，故苟足以供其心之活动者，虽无益于生活之事业，亦骛而趋之。如此者，吾人谓之曰“嗜好”。虽嗜好之高尚卑劣万有不齐，然其所以慰空虚之苦痛而与人心以活动者，其揆一也。

嗜好之为物，本所以医空虚的苦痛者，故皆与生活无直接之关系，然若谓其与生活之欲无关系，则甚不然者也。人类之于生活，既竞争而得胜矣，于是此根本之欲复变而为势力之欲，而务使其物质上与精神上之生活，超于他人之生活之上。此势力之欲，即谓之生活之欲之苗裔，无不可也。人之一生，唯由此二欲以策其知力及体力，而使之活动。其直接为生活故而活动时，谓之曰“工作”，或其势力有余，而唯为活动故而活动时，谓之曰“嗜好”。故嗜好之为物，虽非表直接之势力，亦必为势力之小影，或足以遂其势力之欲者，始足以动人心，而医其空虚的苦痛。不然，欲其嗜之也难矣。今吾人当进而研究种种之嗜好，且示其与生活及势力之欲之关系焉。

嗜好中之烟酒二者，其令人心休息之方面多，而活动之方面少。易言以明之，此二者之效，宁在医积极的苦痛，而不在医消极的苦痛。又此二者，于心理上之结果外，兼有生理上之结果，而吾人对此二者之经验亦甚少，故不具论。今先论博弈。夫人生者，竞争之生活也。苟吾人竞争之势力无所施于实际，或实际上既竞争而胜矣，则其剩余之势力仍不能不求发泄之地。博弈之事，正于抽象上表出竞争之世界，而使吾人于此满足其势力之欲者也。且博弈以但表普遍的抽象的竞争，而不表所竞争者之为某物（故为金钱而赌博者不在此例）。故吾人竞争之本能，遂于此以无嫌疑、无忌惮之态度发表之，于是得窥人类极端之利己主义。至实际之人生中，人类之竞争虽无异于博弈，然能如是之磊磊落落者鲜矣。且博与弈之性质，亦自有辨。此二者虽皆世界竞争之小影，而博又为运命之小影。人以执著于生活故，故其知力常明于无望之福，而暗于无望之祸。而于赌博之中，此无望之福时时有可能性，在以博之胜负，人力与运命二者决之，而弈之胜负，则全由人力决之故也。又但就人力言，则博者悟性上之竞争，而弈者理性上之竞争也。长于悟性者，其嗜博也甚于弈，长于理性者，其嗜弈也愈于博。嗜博者之性格，机警也，脆弱也，依赖也。嗜弈者之性格，谨慎也，坚忍也，独立也。譬之治生，前者如朱公居陶，居与时逐；后者如任氏之折节为俭，尽力田畜，亦致千金。人亦各随其性之所近，而欲于竞争之中，发见其势力之优胜之快乐耳。吾人对博弈之嗜好，殆非此无以解释之也。

若夫宫室、车马、衣服之嗜好，其适用之部分属于生活之欲，而其妆饰之部分则属于势力之欲。驰骋、田猎、跳舞之嗜好，亦此势力之欲之所发表也。常人之对书画、古物也亦然。彼之爱书籍，非必爱其所含之真理也；爱书画古玩，非必爱其形式之优美古雅也。以多相炫，以精相炫，以物之稀而难得也相炫。读书者亦然，以博相炫。一言以蔽之，炫其势力之胜于他人而已矣。常人对戏剧之嗜好，亦由势力之欲出。先以喜剧（即滑稽剧）言之。夫能笑人者，必其势力强于被笑者也。故笑者实吾人一种势力之发表。然人于实际之生活中，虽遇可笑之事然非其人为我所素狎者，或其位置远在吾人之下者，则不敢笑。独于滑稽剧中，以其非事实故，不独使人能笑，而且使人敢笑，此即对喜剧之快乐之所存也。悲剧亦然。霍雷士曰："人生者，自观之者言之，则为一喜剧，自感之者言之，则又为一悲剧也。"自吾人思之，则人生之运命固无以异于悲剧，然人当演此悲剧时，亦俯首杜口，或故示整暇，汶汶而过耳。欲如悲剧中之主人公，且演且歌，以诉其胸中之苦痛者，又谁听之，而谁怜之乎！夫悲剧中之人物之无势力之可言，固不待论。然敢鸣其苦痛者，与不敢鸣其痛苦者之间，其势力之大小必有辨矣。夫人生中固无独语之事，而戏曲则以许独语故，故人生中久压抑之势力独于其中筐倾而篋倒之，故虽不解美术上之趣味者，亦于此中得一种势力之快乐。普通之人之对戏曲之嗜好，亦非此不足以解释之矣。

若夫最高尚之嗜好，如文学、美术，亦不外势力之欲之发表。希尔列尔既谓儿童之游戏存于用剩余之势力矣，文学美术亦不过成人之精神的游戏。故其渊源之存于剩余之势力，无可疑也。且吾人内界之思想感情，平时不能语诸人或不能以庄语表之者，于文学中以无人与我一定之关系故，故得倾倒而出之。易言以明之，吾人之势力所不能于实际表出者，得以游戏表出之是也。若夫真正之大诗人，则又以人类之感情为其一己之感情。彼其势力充实，不可以已，遂不以发表自己之感情为满足，更进而欲发表人类全体之感情。彼之著作，实为人类全体之喉舌，而读者于此得闻其悲欢啼笑之声，遂觉自己之势力亦为之发扬而不能自已。故自文学言之，创作与赏鉴之二方面亦皆以此势力之欲为之根柢也。文学既然，他美术何独不然？岂独美术而已，哲学与科学亦然。柏庚有言曰："知识即势力也。"则一切知识之欲，虽谓之即势力之欲，亦无不可。彼等以其势力卓越于常人故，故不满足于现在之势力，而欲得永远之势力。虽其所用以得势力之手段不同，然其目的固无以异。夫然，始足以活动人心而医其空虚的苦痛。以人心之根柢实为一生活之欲，若势力之欲，故苟不足以遂其生活或势力者，决不能使之活动。以是观之，则一切嗜好虽有高卑优劣之差，固无非势力之欲之所为也。

然余之为此论，固非使文学美术之价值下齐于博弈也。不过自心理学言之，则此数者之根柢皆存于势力之欲，而其作用皆在使人心活动，以疗其空虚之苦痛。以此所论者，乃事实之问题，而非价值之问题故也。若欲抑制卑劣之嗜好，不可不易之以高尚之嗜好，不然，则必有溃决之一日。此又从人心活动之原理出，有教育之责，及欲教育自己者，不可不知所注意焉。

中国名画集序

绘画之事，由来古矣。六书之字，作始于象形；五服之章，辉煌于作会。楚壁神灵，发累臣之问；宋舍众史，受元君之图。汉代黄门，亦有画者，殷纣踞妲己之图，周公负成王之象，遂乃悬诸别殿，颁之重臣。魏晋以还，盛图故事；齐梁以降，兼写佛象。爰自开、天之际，实分南北之宗。王中允之清华，李将军之刻画，人物告退，而山水方滋。下至韩马、戴牛、张松、薛鹤，一物之工，兹焉托始。荆、关崛起，董、巨代兴。天水一朝，士夫工于画苑；有元四杰，气韵溢乎典型。胜国兴朝，代有作者，莫不家抱钟山之璧，人握赤水之珠，变化拟于鬼神，矩矱通于造化。陈之列肆，非徒照乘之光；闷之巾箱，恒有冲天之气。

今夫成而必亏者，时也；往而不复者，器也。江陵末造，见玉轴之扬灰；宣和旧藏，与降旛而北去。文武之道既尽，昆明之劫方多。即或脱坠简于秦余，逸焦桐于爨下。然且天吴紫凤，坼为牧竖之衣；长康探微，辱于酒家之壁。同糅玉石，终委泥涂。又或幸遭收藏，并遭著录，而兰亭茧纸，永閟昭陵；争坐遗文，竟分安氏。中郎帐中之帙，仅与王朗同观；

博士壁中之书，不许晁生转写。此则叔疑之登龙断，众议其私；阳虎之窃大弓，当书为盗者矣。

平等阁主人英英如云，醰醰好古。慨横流之澒洞，惧名迹之榛芜。是用尽发旧藏，并征百氏。琳瑯辐凑，吴越好事之家；摹写精能，欧美发明之术。八万四千之宝塔，成于崇朝；什一千百之菁英，珍兹片羽。冀以永留名墨，广被人间。

懿此一举有三美焉。夫学须才也，才须学。是以右相丹青，坐卧僧繇之侧；率更翰墨，徘徊索靖之傍。近世画师，罕窥真迹，见华亭而求北苑，执娄水以觅大痴，既摹仿之不知，于创作乎何有。今则摹从手迹，集自名家，裨我后生，殆之高矩，其美一也。且夫张而必弛者，文武之道；劳而求息者，含生之情。然走狗斗鸡，颇乖大雅；弹棋博簺，易人机心。若夫象在而遗其形，心生而无所住，则岂有对曹霸、韩幹（之马[1]）而计驰骋之乐，见毕宏、韦偃之松而思栋梁之用。会心之处不远，鄙吝之情聿销，诚遣日之良方，亦息肩之胜地，其美二也。三代损益，文质殊尚；五方悬隔，嗜好不同。或以优美、宏壮为宗；或以古雅、简易为尚。我国绘事自为一宗，绘影绘声则有所短，一邱一壑则有所长。凡厥反唇，胥由韫椟；今则假以印刷，广彼流传。贾舶东来，慧光西被，不使蜻蜓岛国独辉日出之光，罗马故国专称美日之国，其美三也。

小有搜罗，粗谙鉴别，睹兹盛举，颇发幽情，索我弁言，

[1] “之马”两字原缺，据文义补。

贻君小引。冀夫笔精墨妙，随江汉而长流；玉蹬金题，与昆仑而永固。八月。

《国学丛刊》序

学之义不明于天下久矣！今之言学者，有新旧之争，有中西之争，有有用之学与无用之学之争。余正告天下曰：学无新旧也，无中西也，无有用无用也。凡立此名者，均不学之徒，即学焉而未尝知学者也。

学之义广矣。古人所谓“学”，兼知行言之。今专以知言，则学有三大类：曰科学也，史学也，文学也。凡记述事物而求其原因，定其理法者，谓之科学；求事物变迁之迹，而明其因果者谓之史学；至出入二者间，而兼有玩物适情之效者，谓之文学。然各科学有各科学之沿革，而史学又有史学之科学（如刘知几《史通》之类）。若夫文学，则有文学之学（如《文心雕龙》之类）焉，有文学之史（如各史《文苑传》）焉。而科学史学之杰作，亦即文学之杰作。故三者非斠然有疆界，而学术之蕃变，书籍之浩瀚，得以此三者括之焉。凡事物必尽其真，而道理必求其是，此科学之所有事也；而欲求知识之真与道理之是者，不可不知事物道理之所以存在之由，与其变迁之故，此史学之所有事也；若夫知识道理之不能表以议论，而但可表以情感者，与夫不能求诸实地，而但可求诸想象者，此则文学之所有事。古今东西之为学，均不能出此三者，惟一国之民，性质有所毗，境遇有所限，故或长于此学，而短于彼学；承学之子，资力有偏颇，岁月有涯涘，故不能不主此学而从彼学；且于一学之中，又择其一部而从事焉。此不独治一学当如是，自学问之性质言之，亦固宜然。然为一学，无不有待于一切他学，亦无不有造于一切他学，故是丹而非素，主入而奴出，昔之学者或有之，今日之真知学、真为学者，可信其无是也。

夫然，故吾所谓学无新旧、无中西、无有用无用之说，可得而详焉。何以言学无新旧也？夫天下之事物，自科学上观之，与自史学上观之，其立论各不同。自科学上观之，则事物必尽其真，而道理必求其是，凡吾智之不能通，而吾心之所不能安者，虽圣贤言之，有所不信焉；虽圣贤行之，有所不慊焉。何则？圣贤所以别真伪也，真伪非由圣贤出也；所以明是非也，是非非由圣贤立也。自史学上观之，则不独事理之真与是者，足资研究而已，即今日所视为不真之学说，不是之制度、风俗，必有所以成立之由，与其所以适于一时之故。其因存于邃古，而其果及于方来，故材料之足资参考者，虽至纤悉，不敢弃焉。故物理学之历史，谬说居其半焉；哲学之历史，空想居其半焉；制度、风俗之历史，弁髦居其半焉；而史学家弗弃也。此二学之异也。然治科学者，必有待于史学上之材料，而治史学者，亦不可无科学上之知识。今之君子，非一切蔑古，即一切尚古。蔑古者出于科学上之见地，而不知有史学；尚古者出于史学上之见地，而不知有科学；即为调停之说者，亦未能知取舍之所以然。此所以有古今新旧之说也。

何以言学无中西也？世界学问，不出科学、史学、文学。故中国之学，西国类皆有之，西国之学，我国亦类皆有之；所异者，广狭疏密耳。即从俗说，而姑存中学、西学之名，则夫虑西学之盛之妨中学，与虑中学之盛之妨西学者，均不根之说也。中国今日实无学之患，而非中学、西学偏重之患。京师号学问渊薮，而通达诚笃之旧学家，屈十指以计之，不能满也；其治西学者，不过为羔雁禽犊之资，其能贯串精博，终身以之如旧学家者，更难举其一二。风会否塞，习尚荒落，非一日矣。余谓中西二学，盛则俱盛，衰则俱衰，风气既开，互相推助。且居今日之世，讲今日之学，未有西学不兴，而中学能兴者；亦未有中学不兴，而西学能兴者。特余所谓中学，非世之君子所谓中学；所谓西学，非今日学校所授之西学而已。治《毛诗》《尔雅》者，不能不通天文、博物诸学，而治博物学者，苟质以《诗》《骚》草木之名状而不知焉，则于此学固未为善。必如西人之推算日食，证梁虞门、唐一行之说，以明《竹书纪年》之非伪；由《大唐西域记》，以发见释迦之支墓，斯为得矣。故一学既兴，他学自从之，此由学问之事，本无中西。彼鳃鳃焉虑二者之不能并立者，真不知世间有学问事者矣！

顾新旧中西之争，世之通人率知其不然，惟有用无用之论，则比前二说为有力。余谓凡学皆无用也，皆有用也。欧洲近世农、工、商业之进步，固由于物理、化学之兴，然物理、化学高深普遍之部，与蒸气、电信有何关系乎？动植物之学，所关于树艺畜牧者几何？天文之学，所关于航海、授时者几何？心理、社会之学，其得应用于政治、教育者亦鲜。以科学而犹若是，而况于史学、文学乎？然自他面言之，则一切艺术，悉由一切学问出，古人所谓“不学无术”，非虚语也。夫天下之事物，非由全不足以知曲，非致曲不足以知全，虽一物之解释，一事之决断，非深知宇宙人生之真相者，不能为也。而欲知宇宙人生者，虽宇宙中之一现象，历史上之一事实，亦未始无所贡献。故深湛幽渺之思，学者有所不避焉；迂远繁琐之讥，学者有所不辞焉。事物无大小，无远近，苟思之得其真，纪之得其实，极其会归，皆有裨于人类之生存福祉。己不竟其绪，他人当能竟之；今不获其用，后世当能用之。此非苟且玩愒之徒所与知也！学问之所以为古今中西所崇敬者，实由于此。凡生民之先觉，政治教育之指导，利用厚生之渊源，胥由此出，非徒一国之名誉与光辉而已。世之君子，可谓知有用之用，而不知无用之用者矣。

以上三说，其理至浅，其事至明。此在他国所不必言，而世之君子，犹或疑之，不意至今日而犹使余为此哓哓也。适同人将刊行国学杂志，敢以此言序其端，此志之刊，虽以中学为主，然不敢蹈世人之争论。此则同人所自信，而亦不能不自白于天下者也。